資本論が解く 労働者の格差

… 資本と教育のディアレクティク …

谷田 道治 著

序 章

1．現代的不平等

　『資本論』と「格差・不平等」といえば、カール・マルクスの名とともに、資本家と労働者との不平等が、思い起こされるであろう。しかし本書は、その不平等を「近代的不平等」と呼ぶ。そして、これとは区別して、その『資本論』をもとに、「現代的不平等」を解明しようとする。それは、労働者の間の「格差・不平等」である。

　「そのようなことはあり得ない！」という反論は、もっともである。というのも、「労働者の不平等」が本当なら、労働者の団結も不可能になってしまう。『資本論』にそのような話が載っているはずはない、と。

　しかし、実際のところどうだろう。こんにち労働組合の勢力衰退は日本に限らず、世界的な傾向であり、その労働組合も、労働者としての普遍的な要求よりも自分の企業、自分の地域、自分の国の利益を優先し、労働者の間の不平等を加速しているのではないか。ついには、労働者間の待遇格差の推進を企業に対して要求する労働組合まで出現している。まだ一部分であるとはいえ、これでは労働組合の存立理由がその根本から疑われる。労働者のなかに、自らを冷遇させることにつながりかねない待遇格差のために組合費を納める者も生まれることになるのである。いったい、どのような事情でこのようなことが起きているのだろうか。

2．『資本論』と擬制資本

　『資本論』第3巻では、資本によって労働者たちから搾り取られた「剰余価値」がどのように分配されるかが明らかにされている。それは、現実の資本関係、社会関係としてなされていることである。これについて、その関係

の担い手たちの意識はどうか。

　マルクスは、その分配をめぐる「資本家的観念」が、他の「生産当事者」をいかに巻き込むのかも記している。すなわち、資本家が利潤（利子）を、土地所有者が地代を、そして労働者が賃金を、それぞれが独自に持ち合わせる「収入の源泉」（これを擬制資本という）に応じて配分され、それらが自由で公平な市場においてに交換される、とみなされることになる。

　それで、労働者はどうか。マルクスは、「労働力の擬制資本化」は「狂気の沙汰」の「頂点」だと見たが、それは労働者の階級意識が自明なものとして日常的に噴出していた時代にあって、そうした事態はとうてい想像もつかなかったからであろう。しかし、その歴史的制約から離れて、この擬制資本化は、さらに論理的に解明される必要があったのではないか。

　もちろん、現実の資本関係において、労働者は「ひとしく搾取される」のであって、本書がここであえて「労働力の擬制資本化」を言い出し始めたのは、「労働者の不平等」がいかに「観念」として合理化されているのかを明らかにするためである。資本はたえず「平等な搾取」をねらっているのであって、当然のことながら現実の資本関係にはこの「不平等」を解消しようとする契機が含まれている。そこで、「資本家的観念」の呪縛が白日の下にさらされることが肝要となるのである。そして、そののちに、もう一つの主題としての「近代的不平等」に立ち戻ることになる。それはけっして解消されたのではなく、ずっと「現代的不平等」の基礎をなしているのである。

3．これまでの『資本論』

　さて、こうした意味で『資本論』第3巻の読まれ方が変わらなければならない。しかも、「資本の論理」がいっそう研ぎ澄まされなければならない。とはいうものの、一般的に第3巻は読まれなかった。それどころか『資本論』自体が完成されていなかったのである。

　多くの人々が『資本論』について、次のような印象を抱いたであろう。マルクスは、『資本論』とくにその第1巻で、これから階級闘争がいっそう激化

し、また恐慌が必然性に勃発することよって、資本主義が自動的に崩壊する、と予言した。しかし、その後の歴史過程では、資本家の姿が見えなくなり労働者の団結が軟化して階級闘争が和らいだ。恐慌は政策的に回避可能であり、かりに大勃発したとしてもそれによって資本主義が消滅するわけではなかった。マルクスの予言は外れ、資本主義は永続する、と。

4. 『資本論』の新しい読まれ方

　たしかに、『資本論』には、そのような印象のもととなるような記述が含まれている。しかし、『資本論』の真価は、「資本の論理」の徹底追究にある。それは、深刻な危機をはらむ現代資本主義の分析に際して専門家にとって有用であるばかりでない。資本の支配する社会の中で生きる一般の人々が、資本の支配を永遠のことと観念する呪縛から解放されるために、さらに確かな社会認識に基づいて自分たちの生活世界を自主的に自由に構想するために、なくてはならないものなのである。

　残念ながら、マルクス自身が書き上げたのは第1巻のみであって、第2巻、第3巻は、マルクスの遺稿をエンゲルスが編集し加筆したものである。とくにマルクスが最晩年に取り組んだのは第2巻の草稿の書き直しであって、第3巻はかなり以前の草稿が編集された。「資本の論理」の徹底という観点からみれば、第3巻こそが書き直しを要するのであって、読み手自身が一定の目標と方法とを準備しておかなければ、とうてい読み進むことはできない。

　さいわいにも、現代資本主義における教育と価値との関係を追究していた私の前には、宇野弘蔵の業績（『経済学方法論』『経済原論』）が残されていた。とくに、鎌倉孝夫によって継承・発展させられていた「擬制資本」に焦点を合わせることで、第3巻の新しい読み方を試みることになった。それが「労働力の擬制資本化」であり、これに基づいて「現代的不平等」の解明を進めうると考えるに至ったのである。

　もちろん、本書は唐突にその結論部分を提示するわけではない。結論部分は、現代における「資本の論理」の意義が一般の人々にも伝わり、その理解

が進められるに付随して展開されることが望ましいであろう。

5．本書の構成

　はじめに、「労働力の擬制資本化」という観点の成り立ちをその経緯とともに示すべきと考える。まず第Ⅰ編においては、「教育と価値」の探究から「擬制資本」へと至る経過を示す。その歩みを振り返れば、当初には、「擬制資本」概念は視野に入っていなかった。その探究のなかで「資本の論理」に要請されて出現したかのようにも思える。

　教育の領域は、「資本の論理」では、いわば「周辺」にあたる。通常の経済学では、資本の運動を解明するときには、その「中心」部分としての主要な産業部門を対象とするであろう。しかし、「普遍理論」を称するならば、その扱いに厄介な部分をもはらむ「周辺」を理論的に処理しえてこそ、その意義を示しうる。その意味で、「教育の価値」を解明しえてこそ「資本の論理」の真価を示しうる。

　その思いから、第1章を「教育と価値のディアレクティク」として、価値を生まないはずの教育が、いかにして価値を生むとされることになるのかという課題に着手した（いわゆる「形而上学」の領域に及ぶ「方法論」は割愛する）。そののち、資本主義のなかで市場化にさらされる教育の現状を、教育と価値との相克の過程として捉えたのが、第2章「教育の市場化と資本の論理」、第3章「教育の市場化と財政の腐食」、第4章「道徳の過剰と人材育成の幻惑」、第5章「現代的不平等の起源」である。とくに第4章、第5章では、労働者間の格差の根源が「労働力の擬制資本化」にあることを明らかにした。第6章では、「擬制資本」という観点から現代資本主義社会がどのように見えるか、とくに階級意識の行方を解明しようと試みた。第7章は、「労働力の擬制資本化」の論理の基礎となる『経済原論』の果たす役割を捉え、それがより広く読まれるようになる道を模索した。

　第Ⅱ編の課題は、「資本の論理」をいかに伝えるか、となる。それは、現

実資本に立ち返ることから始まる。擬制資本が売買される商品であるのに対して、現実資本は、ほんらい価値を自己増殖させる運動体である。その資本は、こんにち過剰な遊休資金を持て余し、競合しあった末に、その擬制をかなぐり捨て労働者からの搾取という資本の原点に回帰する姿を露出しているようである。ここに至って、「資本の論理」の果たしうる役割が期待され、その意義が広く認められてよいであろう。ところが、『資本論』は一般の人々に読まれやすい状況にはない。それどころか、新自由主義の風潮のなかで、価値を生まない学問として分類され居場所を失い、大学からもその姿を消しつつある。しかし、学問や教育は商品化にさらされ資本の浸入に脅かされてばかり、というわけではない。巧みに粉飾した資本の手の内を明かしそれを人々に伝えるという役割があり、それをなしうる力がある。

　「資本の論理をいかに伝えるか」という課題は、かねてから追究してきたことであった。というのは、一般の人々が「資本の論理」を用いて自らの生活の実情を理解することができないなかでは、資本主義をどう思うかということも、いかに対処するかということも、始まるはずがないからである。

　宇野弘蔵著『経済原論』は、『資本論』を読み通すために最適の方法を提供している。しかし、いまでは大学生に読まれることなく、関連する講座も大学からほぼ消えている。そこで、『経済原論』の全編を読みやすいように書き直し、それを読むことの意義を書き添えて、『大学では学べない経済学』としてまとめたが、出版には至らなかった。それでも、その本文を補足する図・表やその序論・解説などについては、広く利用されることをなお願っていた。こうして、第II編の第1章を「『経済原論』をどう読むか」とした。

　同じ趣旨で、「資本の論理」の徹底的な図式化を進めていたが、その一環として、「再生産表式の図解」を試み、その作業を通じて、「拡張再生産に関する一般式」や「奢侈品を含む再生産表式に関する一般式」などを提唱することになった。拙著『未完の再生産表式』（オンデマンド版、Kindle 版）のエッセンスととともに、「資本の論理」をめぐる論述も、一般書として読んでほしいものであった。これを第2章とした。

　第3章は、「最劣等地で生まれる差額地代」におけるエンゲルスの修正を検討した結果を記した。小さな論点であっても、このような形で整理してお

くことは、後世の人々の労苦を減じるためにも重要であると考えた。

6．資本と教育の相克

　「格差を解く」とは、「資本の論理」（資本論）が格差の本質を明らかにするという意味と、「資本の論理」が格差の呪縛を解くという意味とを兼ねている。その鍵が、ともに教育の「価値」の解明なのである。そこで本書の内容は、資本と教育との関係として、次のように表現されてもよい。

　第Ⅰ編では、資本が教育・学問を蝕む過程が記される。すなわち、市場化のなかで教育・学問が資本によって価値を背負わされ売り物にされる様相を、そして人間がそのなかで労働力の担い手として価値評価されるだけでなく、人格そのものが収入の源泉としてどれほどの「資本価値」をもつかと評価される様相を見る。そのような「人の擬制資本化」に伴い、学問にとっても教育にとっても、資本の動きに巻き込まれずに生き残って自由な道を進むことがいかに険しくなっているか、も明らかにされる。

　第Ⅱ編では、「資本の論理」を明快・明確にして、資本の手口をすっかり明かしてしまおうと試みる過程が記される。すべてが物化され無機質化され商品化されようとする世界においては、売り物としての「価値」に囚われないことによって、かえって直接に人や社会の役に立ちうる教育・学問の意義が際立つ。というのも、虚飾の「価値」に由来する「冗職」に振り回されてうんざりしている人々が、また窮屈な「価値」の網に引っかかりそれに締め付けられて閉口している人々が、「価値」を超えて共有される社会認識に裏打ちされて、自由で伸びやかな生き方に至る希望の道を見い出すのである。

　本書に第Ⅲ編はない。現実社会を舞台にして、上記の両者がいかに切り結ぶのかが描かれるべきであろうが、それは、いま始まるか始まらないかということなのである。

目次

　　＊『資本論』の引用は、多くが大月書店版からであるが、普及版の原書頁を記した。
　　　インスティテュート版による長谷部文夫訳は、頁が少しずれることに注意して
　　　いただきたい。
　　＊（注）は、各章末に記した。

第Ⅰ編　資本の論理が教育を蝕む

― 擬制資本と教育 ―

第1章　教育と価値のディアレクティク

1．問題の所在

　教育における「価値」をどう捉えるか。使用価値と（交換）価値との違い
を踏まえるとしても、教育学から当然のこととして出されるであろうポジティ
ブな答えに便乗して、経済学からも同様の答えを出してよいのであろうか。

　経済学者の宇野弘蔵は、「教育者がその労務をもって価値を形成するとなす
のは、人を物とする卑俗の考え方というほかはない」と述べている（『経
済原論』全書版 218 頁）。

　しかし、いま教育の世界には、「効率」や「コスト」、「投資」などの市場
用語が浸食し、「株式会社」の学校までが出現し、さらにそれを手本とせよ
という声もある。それだけでなく、「教育者の労務」が「価値形成」という
成果達成のために細分化・組織化・系統化・計量化され、長時間労働・過重
負担だけでなく、「労務」そのものよりも書類での「説明責任」を優先させ
られている。

　同様の事態は、医療、介護などの分野にも発生し、低賃金化・長時間化・
勤務の変則化だけでなく、「感情労働」など質的に過大で過重な「顧客の要
望」への対応を求められている。

　ことの成り行きにしたがえば、これらの労働の意義を強調しその「価値」
を認知してもらい、より多くの報酬なり、「人間的な待遇」を与えてくれる
ように、政治に働きかけるべきだという話になる。なるほどそのような要求
を掲げることは、教師や医療従事者、介護者など当事者としては当然のこと
である。それで、経済学は、それらの価値認知のために役立つことができる
であろうか、あるいは役立つべきなのであろうか。しかしながら、そのよう
な問いや期待に対して気持ちばかりで応えるのは無益である。労働の意義は
他の労務すべてにあてはまる。経済学としては、それらの期待に応えること
よりも、他に果たしうる、果たすべき役割があるのではないか。それにもか

かわらず、ただ有効な論理を示しえていないだけではないのか。

　いま若い世代にもマルクスが読まれているという話を聞く。その際には、さまざまな読み方、解釈があって当然のことであるが、少なくとも専門家は、およそ百五十年にわたるマルクス研究の経緯を踏まえマルクス理解への案内を的確にすすめることによって、若い世代が無駄な誤読を繰り返さないで済むようにする必要がある。たとえば、経済に関して、『資本論』を自ら読んでいないなら、マルクスを引用しないほうがよい。マルクスを現代に生かすという課題は、文学的にはともかく、理論的には、マルクス理論の生かせることと生かせないこととを峻別することから始まる。この姿勢を徹底的に貫いたのが宇野弘蔵である。

　ところで、冒頭に引用した宇野の言葉は、今日の教育の実情からはあまりにかけ離れているように思えるであろう。私があえてこの言葉を掲げたのは、教育への私自身の関心からだけでなく、教育の価値を明らかにすることが経済学にとって最も困難な課題の一つであって、一般にはあまり知られていない宇野の業績の有効性を示すにふさわしいと考えたからである。

　ただしここでは、教育と価値との直接的な関係から開始するのではなく、資本を主語とする論理の展開のなかに、教育と価値の関係がどのように現れるか、ということから始めたい。

　なお、ここでの「純粋な資本主義社会」では、すべての財・サービスが資本によって生産されると想定され、それによってその運動の法則性が捉えられる。そのなかで教育の営みはどうなるか、それが課題となる。

2．『経済原論』における教育

　宇野『経済原論』において、直接に教育に触れられた場所は少ないが、まずそれを確認し、そこから課題を見いだしておきたい。第1に、宇野の教育に関する見解が端的に示されているのが、先ほど引用した部分である。これは「利子論」の「註」にある。

有用な仕事をするということは価値を形成するということを意味するものではない。社会的に有用な仕事をしてそれによって報酬を得ているということは、決して価値を形成するということではない。たとえば教育者がその労務をもって価値を形成するとなすのは、人を物とする卑俗の考え方というほかはない。

（同 218 頁）

　この部分だけを読んで、誤解する人は多いかもしれない。労働価値論を認めない人も、よく理解しない人も。しかし、ここではあくまでも「有用な労働」と「価値を形成する労働」が厳密に区別されている。そのうえで、物の生産と教育とを同一視してはならないということなのである。すなわち、子どもを原料としての物と見て、それを加工することによって、商品としてより高く売ることができる、という考えを「卑俗」とする。この見解は、通常の教育学の立場に一致する。

　しかし、このような見解は「学者のたてまえ」とされがちである。反対に、実際に世の中に通用するのは「価値を形成する教育」だけとみなされ、「教育価値」を高める競争が盛んに行われる。教育によって、資格、学歴、一流企業への就職が実現すると考えられているのである。さらには、教育の「自由化」と「効率性」を掲げる市場至上主義が教育の場に浸透し歓迎される風潮もある。

　そのなかで、「人を物とする」教育を「不道徳」だと批判しても、大勢には届かない。「きれい事を言っていられない」「世の流れに逆らえない」ということになる。圧倒的な現実を前に、「あるべき姿」を基準にしての批評はただ煩わしいことと見られる。これに対しては、各自の目の前にある「あるがままの姿」が一面的なものであって、他にも多くの「あるがままの姿」があることを示すことが必要である。客観的な視点とはそうしたことの積み重ねとして実現する。

　現に教育は、「あるべき教育」の枠を離れて、日常に「価値を生む」と認められ流通しているのであるから、その事実を重ねていくことを通して「教育の価値」の成り立ちを客観的に考察しうる。

　もちろんそれは、「価値」が扱われている現状を追認することを意味しな

- 16 -

い。むしろ、教育をも商品として生産・売買する資本の運動が社会全体を覆ったときに、その社会の再生産がなお平然と持続されるか、あるいは変容を求められるかを考察する。当然のこととして、その結末は実質的にモノとして扱われる労働者たちが、自らのあり方をどう考えるかによって定まることである。

　経済学としては、次のように問うことになる。「資本の論理」としてはほんらい想定されない「教育の価値」がいかにして発生するのか、そしてそれは資本主義社会のなかにどのように位置づけられるのか。

　こうして、現に流通する教育の考察を通じて、上記の課題を明らかにしていくことになる。

　さて、もう一カ所、『経済原論』で教育について述べられている部分がある。「資本の再生産過程」のやはり「註」である。

　資本主義がその発生の初期においていわゆる原始的蓄積の過程を経て確保する労働力は、種々なる国において種々異なるのは当然であるが、資本主義の発展とともに、単純なる労働力とはいえ、一定の知識水準を持った労働力を必要とすることになる。普通教育は、中世紀的な職人の訓練と異なって特殊の職業的なものではないが、しかしこの普通教育自身が資本主義の発展と共に多少ともその程度を上げることを要求せられる。そしてそれはまたその背後に労働者の生活水準の向上を求めるものといってよいであろう。　　　　　　　　　　　　　　　　　　　　　　　（『経済原論』114 頁）

　近代から現代にかけて、普通教育の拡充がはかられてきた。一方では、資本の側から労働者に一定の知識水準を求める、しかもできるだけ安価に済ませたい、という要求があり、他方で、労働者側から生活水準の向上のため普通教育の程度を上げることを求められる。ここは「資本の論理」の基本として、その範囲を越えて論理が展開されることはないが、歴史的理解では、この両者が国家による教育政策（公教育）を通じてそれぞれの要求を実現する、とされる。

　さて、ここまでの教育は、資本のもとであってもなくとも、労働能力が高まるという教育であった。すなわち第1に、労働力の使用価値を高めることはあっても、労働力の価格を高めるということではなかった。第2に、教育を行う者が資本ではないというだけでなく、教育そのものが商品として売買されることでも、教育そのものが市場で取引されるということでもなかった。

　つまり、労働力の価格を高める教育でもなく、また労働力の価格を効率よく高めることで市場で高い評価を受けるという教育でもなかった。

　これに対して、こんにち市場原理が公教育の領域に堂々と浸入しつつある。この動きをどう捉えるか。一つは、「資本の論理」自身の展開の延長であるとする。もう一つは、非可逆的な歴史的過程とみたり、国家の選択意志による政策とみたりする。その答えには慎重な判断を要するのであって、これを安易に必然的な歴史的過程としてしまうことは避けたい。とくに生産力史観（生産力の発展を歴史展開の主動因とする歴史観）にとらわれると、発展につながりそうな新奇なものを何もかも宿命として受け入れる、率先して受け入れる、ということになってしまう。

　これらを踏まえ、次のような課題をあげておきたい。すなわち、教育の市場化はいかなる事情で発生するのか、またそれは「資本の論理」の展開なのか、歴史的段階の移行なのか。

　以上、『経済原論』における教育の位置づけを2点確認したが、これら以外には、資本の下における「教育の価値」を捉える直接の手がかりはない、としなければならない。こののちは、それぞれから絞り込んだ課題を念頭に置きつつ、『経済原論』の規定を活用して、教育の現状を考察するなかから「教育の価値」を捉えてみたい。

３．労働力の商品化と専門的技術の教育

　こんにち市場原理のもとにある「教育」には、次の二つの場合がある。一つは、「価値の高い」職業に就いたり労働力を高く売ったりするための「教

育」であり、もう一つは、最終的な消費としての「教育」であり他の目的のための手段としてでないものである。

　まずは労働力の商品化と教育との関係を見よう。資本主義のもとでは「複雑な労働の単純な労働への還元」が進行するはずだが、今日の「労働市場」を原理論を離れて一見すると、単純労働と専門・技術労働への二極化が進んでいるように思える。単純労働の「労働力」では、最低限の賃金しかえられず、専門・技術労働の「労働」は、それに見合う報酬を得られる、という理解である。

　資本は、その生産過程において労働力を使用価値として消費する際に、購入した労働力をそのままに単純労働として使用できない場合には、生産工程の単純労働への還元をはかりつつも、暫定的には生産のために直接的に必要な労働能力を育成する「教育」費用を負担しなければならない。さもなければ、労働市場で「教育」を受けた労働力を高めの費用で購入しなければならない。これに呼応し、労働者も自らの生活過程で特定の専門・技術能力の訓練を自費で受け、少しでも高く自らの労働力を売ろうとする。その訓練の成果を証明するものが「技能取得証明書」の類となる。労働力は唯一の単純商品として、その消費過程において流通が中断され、新たな労働力として生産されるわけだが、この場合、その消費過程においても「価値」を付与しようというのである。「訓練済み」と「未訓練」との間に、差額としての「価値」が生じると考えるのである。

　資本が労働市場で求める労働能力は、資本にとって現在の直接の有用性であり、資本自らその尺度を持つのであるが、広範囲な労働市場からの供給を求めるなら、「証明書」は有用であろう。その一方で、労働者が自らの消費過程において自費で特定の専門・技術能力を訓練する場合には、訓練期間を経てもなお次の労働市場にその技能を持つ労働力への需要が十分に存在するか、または「証明書」がなお長期にわたり「市場価値」を持つか、というリスクが伴う。事実、資本の生産工程は激しく変更され、資本が求める専門・技術も次々と新しいものとなる。しかも、資本は常に複雑な労働を単純な労働に還元しようとし、またそれが可能な分野であれば、自らの支配する生産過程でなく、他分野の生産過程にまで進出する。「証明書」に守られ暫定的

に「価値」を享受している資格と、その「価値」をねらった資本の参入とのせめぎ合いが生じる。特定の政治力に依拠してその参入を妨げることができる資格を除けば、一定期間後にその「価値」が低下することは避けられない。こうして、すべての分野が一斉に均一に単純な労働に移行するわけでなく、分野ごとに時期を隔てて不均衡が生じるのであって、それゆえにこそ労働者は無駄に複数の「教育」を消費させられるわけである。

　労働者は、「証明書」に依拠して専門・技能を要する「労働」を売るつもりであるが、労働市場では、ほとんどがやはり「労働力」として売買されることになる。しかも、ほんらい資本の生産過程にあって労働力の消費過程の中に含まれる「教育」が、労働者の生活（消費過程）に位置している。しかし、このように資本が労働者の生活過程にまで滲入したとしても、資本自身が社会的需要に応じて種々の労働力を供給できるというわけではない。

　労働力の社会的需要と、個々の専門・技術の「教育」との矛盾は、「人間能力の一般的基準の存在」という幻想を必要としてそれを生み出す。いわゆる「学力という実体」であり、それは「いかようにも応用しうる能力を計量化したもの」だとされる。市場では、何事も物質化・物化して計量し数値表記しないと安心を与えられないというのである。それをわかりやすく表示するのが「学歴」であり、「学校歴」である。日本では「入学歴」であり、一部の社会的階層でそれを自らの子どもに得させようとする競争が「子ども時代」を排除して早期導入されている。ただし、「教育」の「対象」は人間であり、原料としてのモノではないという矛盾を抱える。また、そもそもが社会のすべての階層を包摂しようとする動きでもない。

　結局のところ、経済の矛盾の問題を「教育」で解決するには至らないので、「教育」の目的は、「一般的学力」と「個別的学力」との間を、あるいは「普通教育」と「技術教育」との間を無意味に往復することになる。また、それらの空隙をねらって別の論理が「〜力」なるものを次々に発明する。さらには、技術は人格に伴うものなので、人格に対する「品質証明」さえも必要となり発明される。

　こうして「教育的価値」なるものが事実上創出されると、次にはそのような「価値」を子どもに付与する営為にも二次的に「価値」が生じるというこ

とになる。「価値」を生む教育の発生である。すると、そこにただちにビジネスチャンスを求める資本が参入する。

　このような営為としての「教育」の使用価値は、労働力予備軍に専門・技術の「資格証明書」を取得させることであり、種々の労働能力に応用しうる「一般的学力」を身につけさせることであり、その「学力」の段階にふさわしい「学歴」を取得させることなどである。そして、その「教育」にあたる労働力が、伝統的技術の熟練を要せず、システム化されたマニュアルをこなせる「教員免許」で評価されるものとなれば、その「価値」の漸次低下は避けられず、やはり「労働力」の価値に即することになる。資本の論理では、フランチャイズ方式の学校で働く「教育労働者」がマニュアルに従った「教育」で顧客の支持をうるために競争するということになる。もちろん、低賃金、長時間労働だけでなく、結果として「笑顔」や「憤怒」等の感情労働の強要を伴うことにもなる。

　なお、長い間の修行を要する熟練職人の世界に、近代的職業教育はあまり馴染まない。ハイテクによる伝統技術の取り込みなどが可能な場合もあって長期的には上記の「資格教育」に浸食され極小化していくものとも考えられるが、おおむね旧社会関係の残滓として、あるいは技術的制約として理解される。また、幼少時からの修行を要する職業が事実上世襲制度のようになることも、身分的ないしは家督的制約の一種として整理される。

　これらの制約から区別して、本論で指摘していることは、資本主義が専門・技術者を機械や単純なる「労働力」で置き換えことで利益を得られる見込みのある領域（それが伝統的なものであろうが、新しく創出されつつある職種であろうが）には必ず進出するものであること、そして同時にそれが普及することでやがてその職種の「価値」が平均化するものであること、そしてそれらが織り込まれた上で事態が進行していくことである。「教育が価値を生む」とすることで利益を得られる資本の自己運動の常態を表しており、これはいわゆる外的制約として、あるいは旧社会関係の残滓として扱うだけでは済まないであろう。

　こうして、人間の種々の能力がいかに発展すべきか、その方向性をすべてこのような資本の運動のみに任せておけるであろうか、ということがあらた

めて問題となる。労働者はといえば、資本の動きの影響下にあって専門・技術の問題に直面させられながらも、自ら望んでのこととしてそれらの能力を身につけようとするなかで、その生活を充実させることも可能であり、またその過程において資本の動きを桎梏と見なすことにもなる。

４．消費としての教育

　市場経済の中の教育の問題として、もう一つ検討しなければならない課題が残っている。何かの手段となる教育でなく、それ自身が最終的な消費であるという教育は、経済学でどのように位置づけられるのか。考える手がかりが、『経済原論』の「資本の再生産過程」にある。これもまた「註」においてのことであるが、マルクスの言葉が引用されている。

　資本家も、その理論的代弁者である経済学者も、労働者の個人的消費のうちで労働者階級の永久化のために必要な部分だけを、つまり資本が労働力を消費するために実際に消費されなければならない部分だけを生産的とみなすのである。そのほかに労働者が自分の快楽のために消費するものがあれば、それは不生産的消費なのである。もしも資本の蓄積が労賃の引き上げを引き起こし、したがって資本の消費する労働力の増加なしに労働者の消費手段の増加を引き起こすとすれば、追加資本は不生産的に消費されたことになるであろう。実際には、労働者の個人的消費は彼自身にとっては不生産的である、というのは、それはただ困窮した個人を再生産するだけだからである。それは資本家と国家にとっては生産的である、というのは、それは他人の富を生産する力の生産だからである。　　　　　（同上 101 頁）

　野球観戦やサッカー観戦などの大衆文化を労働者が消費することは、「労働者が自分の快楽のために消費するもの」なので、原理論的には、資本家にとって「不生産的消費」であるが、実際には、余暇の労働者たちを賃上げを企てる労働運動から遠ざけるという意味で、資本家にとって生産的でもあり、

労働者にとっては、困窮する生活を再生産するだけだという意味で、不生産的ともいえる。労働者の自発的な学習に関しても、同様に考えることができる。それについて労働者自身が労働力の生産に必要なコストであると考える限りにおいては、労働者にとって不生産的であり、資本家にとっては生産的といえる。しかし、労働者がその学習を通じて、商品としての労働力の生産と関係なく人間らしい生き方を求めるようになるなら、資本家にとって生産的とはいえない。

　そもそもこのような尺度が用いられること自体が、資本が望んだとしても労働者の生活過程を直接には支配しえないことを表している。しかし、同時にこのような大衆文化の享受が労働者の資本からの自立性や主体性の存立を意味するわけでもない。それどころか、ほんらいは流通過程から離れる労働者の生活過程にまで、市場原理が浸透しそれを脅かすのである。すなわち、資本は、労働者の生活過程の一部になお残る非市場領域の中に、使用価値でありながら「価値」あるものとして流通していないものに着目し、いち早くそれを商品とする新たな市場を形成することによって、先行的利益を得ようとする[1]。

　そうして次々に創出される種々の「消費文化」の中に、消費としての「教育」が含まれる。ここにもう一つの教育「価値」が想定される。もともと広義の教育には二面性がある。一つは、言葉や生活習慣の習得に見られるように無償性・無銘性・無自覚などで特徴付けられる文化の継承であり、上の世代から下の世代へと教えられるとともにさらに次世代に伝えられるということであった。もう一つは、近代以降に社会的比重が高まった学校教育であり、効率性・組織性・系統性などで特徴付けられ、社会的な目標に向けて社会の負担で行われるものであった。この二つの過程に滲入する資本は、必ずしも労働力の生産だけを目的としているわけではない。むしろ特定の教育そのものを目的とするのでなく、新たな市場を開拓して、最終消費としての「教育」を心地よく消費する「顧客」を創出することを目的とする。これに呼応し、商品選択の「主体」となる個人としての顧客は、主観的には自らの自然な要求として、客観的には文化的に創出された欲望として、その「教育」を消費するとともに、「教育」市場への依存を一方的に深める。そこで、このよう

な資本の「教育」への進出は、社会が自らを存立させるために維持してきた二つの教育をともに失っていくプロセスになる。いいかえれば、人々は個人となって資本の「教育サービス」を購入すると同時に、その「教育」に依存せざるをえないというイデオロギーをも購入することになって、教育を含む社会の固有の自存文化を一掃するのである⁽²⁾。

こうした資本の活動は、労働力の再生産の基盤となる社会自体を危機に陥れることになる。「顧客」を求める資本の都合に応じるだけの教育消費の中では、社会の維持・発展を多かれ少なかれ意図した教育の契機が失われ、市場関係以外の社会的関係が衰退する過程を阻むことはできない⁽³⁾。

すでに生産現場では、生産工程が多様化し生産現場が分散化して、労働者の人間関係が希薄となって、いわば空間的な分断が恒常化している。その上で、上記のように社会生活面でも生活意識の面でも分断が進行しているのである。しかも、「社会」の対極に「個人」が置かれ、両者の間に弁証法的関係が成り立つというわけでもない。「社会」の否定形として、「非社会的人間」が大量に発生し、時には普通の人間が突発的に「反社会的行動」をとり、さらには孤独に死んで身柄の引き取り手のないという「無縁死」までが現れることになる。それらの頻発に対応する新しいビジネスも繁盛することになるとはいえ、このような社会状態は資本主義自体にとっても好ましい状況ではない。

しかし、当然のことながら資本が直接に求めるのは労働力の再生産であって、社会自体の再生産を資本が担うことはなく、また資本にその意識もありえない。自らを維持・持続しようとする社会自身から見れば、このような資本の活動は「不生産的」ともいえる。

もちろんここでは、大衆文化や大衆教育の消費自体を道徳的観点で断罪しているわけではない。新しい文化が拓かれるときには、その文化が大衆から需要されるについてそれなりの根拠があると考えられる。しかし、それが資本の目論見で営まれるときに、社会ではいかなる結果が生まれるか、それを論理的に見て行かなければならないのである。

このように首尾一貫性を欠く資本の生活過程への滲入という事態は、歴史的には大衆社会状況の出現以後に発生したものである。しかし、これは産業

の種類や資本形態の段階的展開の中で考察されるべきことというよりも、純粋資本主義の概念的展開における資本と労働者の生活過程との関係の問題として検討されてよいであろう。

5．生活過程における「価値」と教育

　以上のように、市場原理のもとにある「教育」の姿を、労働力の「価値」を高めることを目的にした場合と、資本の提供する「教育」が最終的に消費される場合とに分けて考察した[4]。資本主義の展開としては、いずれも労働者の生活過程に位置し、ほんらいその過程は資本の流通過程から離れるはずであった。そのため、ここでは資本が自らその枠を越える展開を見ることとなったのである。

　この資本の展開の結果として描かれる社会の全体像を冷静に振り返ってみると、じつは、これらの過程における資本の非自立性が明らかになる。すなわち、資本の労働者の生活過程への滲入は、資本が労働者の生活過程に依存していることを意味するのである。その一方で労働者は、自らの生活過程で労働力能の向上を強制させられながらも、対象との直接的な相互交渉・関連の結果として、一定の枠内であるが自らの能力を高めることによって現実生活を充実させることもできる。また「教育」を含む文化の消費にあたっては、資本の目論見で送り出された新しい文化に対して、否定的選択とはいえ主体として対峙し、その中で文化受容・創造の力能を高めることもできる。労働者の場合は、いずれの過程においても資本に依存しないで済むという、むしろ資本を余計なものと考えるという、自立性を準備し得るのである。

　こうして、いわゆる「教育価値」が包摂し得ない固有の教育領域がなお存立する可能性が浮かび上がる。すなわち、「教育価値」から離れて、学ぶことそれ自体が目的となると同時に人間としての種々の能力の開花が保障される、またそれらを促すことが社会的に有用な営為として認知される、などの可能性が示唆されるのである。

　以上のように、「価値」から見える「教育」を論じきることは、資本の力

だけでは処理しきれない他の領域をも浮かび上がらせる。そしてそれだけでなく、その方法を徹底することができるならば、資本自身の行方を見通すことにもなるはずである。

6．教育の価値を考える手がかりは

　現在の教育に関する諸現象の背後にある原因が、選択可能な国家政策の思惑の内や個別資本の手の内のみにあるようには思えない。その根本原因を経済学に、それも現状分析だけなく経済原論に求めるのはごく自然であり、それなりに正当な理由があるはずである。

　ところが経済原論は、「人間は物ではない」という規定・制約で成り立つ。実情は全く顛倒し、経済原論の資本主義にはないはずの「価値をもつ教育」が大手を振って流通しているのである。この事態について、段階論を踏まえた現状分析だけではなお十分に説明しえないというなら、次のような問いに立ち返らざるを得ないであろう。すなわち、資本は自らの規定・制約をいかに外して教育に臨むのか、またそれによって教育にいかなる事態が生じるか。当然のことながら、これらの問いは、原論の規定そのものへの問いを伴うことになる。

　もちろん、ここに記した例示だけでは、とうてい資本の自立的運動の中にある「教育の価値」とその限界とを解明したことにはならない。また、市場化や資本の論理に対峙して社会自身の存立に関わる教育を描くのは別作業となる。

　宇野理論に関しても、その成立の歴史的必然性を言いえてこそ、その可能性と限界とを明らかにしうる。上記のような今日的課題への取り組みに際して、宇野理論が有効な役割を果たすためには、その成立の場面にまで立ち返り、思い切った解釈を試みることが必要であろう。

【注】

　（1）原理論では、「すべての生産物が資本によって生産される、純粋の資本主義

社会が想定され」るのであるが、労働者の生活過程・生活領域においては、資本による生産の「純粋化が進行しながらもなお到達しきれない過程」、「無限進行の過程」と想定されなければならない。

(2)　とりわけ文化的規制の弱い日本においては、上記の過程が「純粋に」進行しやすい。特に消費拡大を図る資本の要求に基づく「教育」の力が大きい。そのマーケティングの手法は、対象者の背後から出現し巧みに主体性を装って対象者を操作するというものであり、そしてその「刷り込み」の対象者は判断力の熟していない子どもたちにまで及んでいる。その影響力は不用心な小社会集団にとっては破壊的である。この事態については、日本社会特有の個別的制約の問題として処理すべきか、逆に西欧社会が特有の個別的制約をもっているとみるべきか、一考に値する。

(3)　このような問題に対処するための安易な弥縫策が、国家によるイデオロギー統合のための文化政策・教育政策であり、典型的には道徳立国論であるが、これは現状分析において考察さるべきものである。

(4)　社会的に見れば、この分裂自体は、学ぶ側にとっても学習を指導する側にとっても、すなわち教育に関わる者にとって、「不幸」を表現する。教育の主動因がいずれも内発的なものでなく、外部からのものであって、しかもそれらによって「義務」と「享楽」とに引き裂かれるのである。

第2章　教育の市場化と資本の論理
… 「教育幻想」からの自由を …

１．教育とカネ

　新卒の大学生が、就職する時点で、すでに600万円の負債を抱えているという。大学で有用な資格を獲得し正規雇用で就職しても、有利子の奨学金への返済は厳しい。もっとも、これはまだましなほうであって、返還の見通しが立たず自己破産した者、すでに資金難で大学進学を断念した若者もある。

　これに対して、「貧困の連鎖」を断ち切るべく、「奨学金を無利子に」「貸与でなく給付」という主張が起きるのは当然であろう。その一方で、「あまやかし」「税金の無駄遣い」という声を後ろだてに、「財政に響かない範囲で」として限定的政策がとられ、社会全体での解決にはほど遠くなることも、またことの成り行きというものであろう。

　たしかに奨学金問題は、「いまの若者」の抱える課題として緊急の対処を要する。しかし、「教育と金」の問題が、このようなやりとりで解消されるわけではない。それどころか「教育には金がかかる」という「常識」がいっそう強化されることになっていないか。

　「よい学校、よい資格、よい企業」指向の背景には、「金をかけて学歴や資格を得れば、高い報酬を安定して得られる」という常識（イデオロギー）がある。そこで、「教育価値」や「教育市場」を、「資本の論理」から検証し、その常識の幻想性を明らかにしたい。

２．資本主義における教育の「常識」を疑う

　第一の「常識」は、「労働」を外見的形態でとらえる観点から、「労働の価値」に差異があるとする。そして高度な技術・専門性の労働は好待遇・高賃

金をえられる、またそうした技術・専門性は教育によって身につけられる、さらにそれらは雇用前に職場以外の教育機関で習得すべきである、とする。こうして、資格・技術の修得証明書や教育機関の終了証明書が外見上商品の形態をとり、それを「交換関係」を通じて取得しうる、とする。ここに資格取得のための「教育」が二次的に商品価値を持つことになる。この「教育」の場は生産過程に擬せられるが、人間形成の教育そのものは人間の生活過程に位置する。

　労働者は自らの生活領域において、自費でこれらを習得・取得するが、需要は流動的であって、その便益は永続的ではない。新規参入者が増加すれば、漸次に「価値」低下は避けられない。しかも現代のテクノロジーは、「専門性の壁」を崩すことに大きなビジネスチャンスを見る。実際に、多くの資格が平準化・陳腐化してきた。そうした商品価値低下というリスクも、労働者は個人負担する。経済外の力（例えば圧力団体などの政治力）で新規参入を排除しうる技術・資格を除けば、商品価値低下の不安を免れない。

　第二の「イノベーションを生む教育」という「常識」は、ほんらい多くの人に関わらない。イノベーションは、生産技術の革新だけでなく、新商品の導入、新市場・新資源の開拓、新しい経営組織の実施などを含む（広辞苑）が、提唱したシュンペーターは、これらをもたらすのが企業家であり、それをリスク覚悟の銀行家が支えると考えた。それが、景気停滞のこんにち「経済成長」のために待望され、その創造のための教育に個別企業だけでなく政府の資金が投入される。イノベーションを担う「社員」の育成と確保が重視され、そのためには、子どもたちを早期に分離し資金を集中したいところであるが、その一方で「万人起業家論」という大衆的幻想も必要であって、結局多くの子どもたちが巻き込まれる。そして、不適格と見なされれば、早期に「コース」から廃棄される。成長したのちは、「非正規雇用」か「社畜」かの選択を迫られることになる。

　第三の「学力は職業を適正に配分する基準である」という「常識」は、上述二つの土台でもある。たしかに、教育者が学習指導のために生徒の既得の知識や作業能力を測る「教育的な学力」は有用であり、指導の検証のためにも必要である。これに対して、社会的な人物評価としての「学力」は、まっ

たく別物であり、その評価は教育者の力量を越える。たしかに、特定の職業に就くための特定な能力の習得状況を受け容れ側は特定の基準で測定しうる。しかし、一般的な「学力」というものが存在して、それによってあらゆる職業への適性が判定できるなどということはありえない。人間の能力は、多様な方向へ発達しうるのであって、一律の基準によって序列化できないのである。まして、その「学力」に応じた職業配分が、社会の公正・公平の実現であるとするのはまったくの「幻想」である。

　そもそも「学力」とは、それ自身として存在するような「実体」でないだけでなく、個人の「属性」でもない。一定の時期に、一定の方法で測定され、その方法に即してえられた結果にすぎない。体重計で生涯の身長は測れないのである。にもかかわらず「教育的な学力」が人物の社会的評価としての「学力」と混同され実体化されれば、それが「宿る」ところの個人自体が物のように扱われる。そのラベルである学歴、大学歴、入学歴の不都合が露呈するたびに「真の学力」をめぐる「入試改革」などの制度いじりによって、教育は振り回される。しかし、ほんらい教育は人格形成に資するものであって、「学力」に収斂するものではない。まして資本の用意する鋳型に人間を溶かし込むものではない。

　これら三つの「常識」は、「職業選択の自由や教育の自由が保障される社会において、その選択の結果は各自の責任である」とする主張となる。これに対して、「教育市場、労働市場が適正な環境にない」と反論もできるが、改善志向が続く間に「幻想」がいっそう強化されることにならないか。そこで、ここでは別の問いが必要となる。まず、教育の「価値」はなにか、そして「教育市場」なるものはどういうものか。資本主義の全体像からとらえてみよう。

３．教育の「価値」を疑う

　「教育市場」における教育の「価値」とは何か。経済学者の宇野弘蔵は、「例えば教育者がその労務をもって価値を形成するとなすのは、人を物とす

る卑俗の考えというほかはない」とした⁽¹⁾。教育は、人間の生活過程においてその能力を育成・発展することを目的とし、そのために社会的に有用な営為であるが、「売り物」ではない。生産過程での労働ではないのであって、いわゆる「価値」を形成するものではない、ということである。

　では、現に市場で取引されている教育をどう考えるか。「卑俗」であるが、かりに「教育の労務」が、対象となる人間を加工し、他者（第三者）の目的にかなう「人材」へと変えるものとして、その第三者によって有用であると評価されるなら、その労務は商品価値を形成するものとして商品化されうる（後に見るようにその主体は資本となる）。本人がそうした教育を自ら受けるという場合も同様である。他人をも自分自身をも道具のように加工して「労働市場」を通じて職業ポストに適合させることを当然とするイデオロギーで生活するなら、そのような「教育」を取引する市場が成立することになるのである⁽²⁾。この「人を物として扱う」教育の難点は、まず、人を対象とする限り教育者の思い通りの成果が得られるとは限らないこと、また、製品のなかの「欠陥品」といえども安易な廃棄はできないこと、さらに、教育の選択の「自由」は既定のオプション内に限定されており、自らの能力の充実と発現の願いを封印したものであることなど多々ある。これらを踏まえて、この教育がいかなるものか、「資本の生産」に見立てて、いくつかの局面を見よう。

　第一に、対象に働きかける「教育主体」とは何か。公教育では、組織的・系統的な教育を直接的には専門家としての教育者が、保護者からあるいは共同体からの委託によって担う。しかし、ここ「教育市場」においては、教育の「商品価値」が需給調整の機能を果たすわけであるから、この「教育」の供給主体としては、労働力形成「工場」を操業する「教育資本」を想定せざるをえない。もちろんそれは、のちに見るように教育活動全体から見れば部分的存在にとどまるのではあるが。

　第二に、教育によってどのような「商品価値」が人間に付加されるのか⁽³⁾。社会的に有用な技術の習得に寄与する教育は、もちろん社会的に有用な労働であり、その有用性は労働市場を経て労働力が売却され資本のもとで消費されるときに示されるが⁽⁴⁾、さしあたって物的には、資格、技術、学歴など

の形態をとる[5]。その「商品価値」の量は、それらが付加されない場合の生涯賃金を、付加されることによってえられる生涯賃金がどれほど超過するかで現れる。もちろんこれは教育前に測りようもなく、教育の取引では期待しうる「見込み量」でしかない。この数値と「教育を受けるための代価」との差額が市場での選択の際に不可欠な判断材料となろう。さまざまな数値がネット上にも示されているが、合理的な判断を支えるほどに信頼しうる情報ではない。結局、本人がリスク覚悟で「生涯に一、二度の賭に出る」ということになる。労働力を売るというＷ―Ｇの「商品の命がけの飛躍」は、のちに労働市場で労働者によって行われるものであって、それ以前に決済される教育市場では、「教育の商品価値」が「教育の代価」を上回るであろうという期待が、もちろん過大となり、時に幻想となる。そして「教育の商品価値」は、経済外の要因がないなら、一定期限ののちに解消される。一般の労働者も教育者も、その労働力の価値は市場競争を経て平準化・平均化されたものとして現れるのである。

　第三に、教育対象者に直接的に働きかける教育者はどういう存在か。ここでは、資本との間で労働契約を結んだ労働者である。この教育労働は、二面的性格で現れる。すなわち、一面ではその使用価値の実現であり、上記のように対象の人間にいかほどの「付加価値」をもたらすかである（ここでは不変資本を除外しておく）。もう一面では、交換価値で現れる。すなわち、この教育に要した時間の費用を教育者の再生産費用（生活費用）から算出した数値で現れる。そして、前者と後者との差が「教育資本」がえる剰余価値となる。個別資本としては、その最大化を図ることが自らの存在理由であって、一方で不確定な「付加価値」が過大に唱えられ、それを根拠に「教育の代価」が高めにされるが、その一方で教育労働に関してもその労働力は安く抑えられる。産業革命で機械の登場により手工業的労働が駆逐されても、なお熟練を要する労働分野ではその機械化に一定の制約があったが、現代のテクノロジーは教育労働における「マニュアル」「既成ソフト」を普及させ、労働を単純化させる[6]。これは教育現場の統制を強化し、またより安価な労働力の確保を可能とする。さらに、「経営難」の資本が最後に頼りにするのが労働者からの搾取であるということは、教育資本の「ブラック」化にも通じる。

　第四に、総資本の再生産過程のなかで教育資本の再生産がいかに展開されるか。総資本は、諸々の産業部門の間で利潤率の均衡が実現するような規制の下に置かれる。しかし、教育資本部門に関しては、そのような利潤率の勘案によって資本が増減するわけではない。教育資本の参入は、過大評価されがちな「教育幻想」からの高収益を見込んで、またそのほかにも優遇税制や補助金など経済外の根拠によって、利潤を十分に確保できる場合に、すなわち、利潤をえやすい領域に限って、また公教育でないことで制約を免れる領域に限定してのことである。さらに教育資本のほかに、非「資本」形態の私教育も、残余の公教育も存在する。教育活動の全体を「市場」の働きが効率化するわけではない [7]。むしろ、教育資本は、「教育幻想」による過大な「商品価値」を目当てに活動するのであって、その際に公共部門をつまみ食いしたり、顧客を「優良層」に限定したりすることで「特別利潤」を確保する。こうして、公教育が縮小され、格差が拡大されるのにともなって、教育のいわば二重構造が形成される。

　以上のように、教育の「商品価値」は、人間にそれを「付加」しうるというイデオロギーから派生し、また過剰な期待で膨らみ流通するのであるが、けっして教育活動全体を覆うものでも、永続的なものでもない。まして教育に関する資源の適正配分に貢献するわけでもない。ただ、ほんらい人間を育成しその能力を発達させる場であった生活領域までが、生産領域を支配する資本と、さらに教育の「商品価値」によって浸食され続ければ [8]、ついには資本に労働力を供給するという機能まで脅かされることになるであろう。では、その教育の「商品価値」が現れるとされる「教育市場」とはいかなるものか。

4.「教育市場」を疑う

　古代ギリシアにも報酬をえる教育はあったが、それは社会の存立に関わらない「ひま（スコレ）」の領域であった。ここで考察するのは、あらゆる物、とくに労働力をも商品化しようという「資本の論理」のなかの教育である。

　たとえば、空気はいつでも誰でも自分で吸うことができるので商品価値を持たず、市場が成立しない。しかし、すべての大気が汚染されれば、「稀少な清い空気」の市場が成立し、そこに必要とされる労働力の売買からあらたに剰余価値を引き出すことができる。教育に関しても同様である。日常の言語能力にせよ、伝統的社会での生計能力にせよ、それらの伝承に商品としての「価値」はなかった。共同体が文化遺産を無償で継承させたのである。この共同体の枠を越えた言語や職業能力などの習得が必要であると思う者、思わされた者は、有償の「教育商品」を市場で購入することになる。そして、共同体の教育機能そのものが喪失したり破壊されたりすれば、共同体成員の全員が「教育市場」に向かうように強いられる。こうして教育の「商品価値」の条件が生まれる。「未教育」の者は、労働市場において「教育商品」を受けた者から何らかの方法で区別され、ハンディを負うといわれる。実際にこの差異がどれほどなものか、どれほど持続するか、はたして「価値」と呼ぶべきかなどは、ここで問題とされない。肝要は、本人がこのことを受け入れ、このイデオロギーで生きるという事実である。こうした過程は、共同体の枠からの自由（フリー）が、同時に「価値ある資格・技術を持ち合わせない」というフリーでもあるという点で、「幻想」についてのことではあるが、資本の原始的蓄積にも似る (9)。なお、共同体の教育機能のこの破壊は、一度限りの出来事でなく、繰り返し生起するものであり、現在もなお進行しつつある (10)。

　ところで、資本主義が成立しても、労働力を資本自身が生産するわけではない。労働力は社会における労働者の生活過程を通じて供給されるのである。そして資本は、一面では、市場化の及んでいない社会領域（たとえば公共分野）を見いだし、それを蝕むことで利潤をえる競争を行い、他面では、資本の自由な活動を継続して維持するための社会関係を再生産する。教育も、この資本の二面性のなかに置かれる。

　歴史的に、資本にとって教育とは第一義的には「国民教育」であった。アダム・スミスは、教育を不生産的であるとしているが、『国富論』の「国家の収入」のところで、おおよそ次のように述べる。すなわち、「身分と財産のある人々」は、「国家が必要とする労力と徳を、政府のなんの配慮もなし

に形成する」という。これに対して、「一般民衆、労働貧民」は、一生を単純な作業に限定され諸困難を除去する機会を持たないため愚かで無知になり、精神が麻痺して理性的な会話に参加し楽しむことができなくなるばかりでなく、寛大、高貴、優しい感情を持つことができなくなり、私生活の普通の義務についても、彼の国の重大な利害関係についても判断できなくなる、という。そこで、人民の全体の腐敗と堕落を阻止するために「政府の配慮」が必要となって、しかもそれが「たいへん小さな費用でなし得る」というのである。

　道徳哲学者でもあった18世紀のスミスの唱えたこの「国民教育」に対して、マルクスによれば、19世紀にフランスのG・ガルニエという『国富論』の翻訳者は、「国民教育は分業の原則に反するものであって、それをやればわれわれの全社会制度を廃止することになる」と批判した。すなわち、社会が豊かになるにつれて、手の労働と頭の労働との分業が明瞭になるのであって、この分業は過去の進歩の結果であり、将来の進歩の原因であるのに、政府がこの分業を財政を使って妨害してよいものか、というのである[11]。

　スミスが、政治上・道徳上の必要性から、すなわち市場の枠外から教育を論じているのに対して、ガルニエは教育が分業の進展を妨げ、財政の負担になるというのである。当時の財政負担者（納税者）が「富裕階級」であったことに留意すると、一方でスミスが、経済活動の基盤を維持・安定化するため「労働貧民」に最小限の支出が必要であるといい、他方でガルニエが、それはむしろ進歩の邪魔になり迷惑だというのである。教育は、この二面性のなかで揺さぶられる[12]。

　歴史的には19世紀末から20世紀にかけて、いったん、国民教育の思想に児童労働への制約要求が加わり、やがて国民大衆の教育権・学習権思想が推進力となって、諸国で普通教育が普及することになった。ただし、スミスの「政府の配慮」は帝国主義時代では「兵士」と「銃後」を作るための教育へと容易に変質する。また、大衆が参政権を獲得するとともに課税負担を引き受ける。そして、この時期は経済の拡張期で職業ポストが増加しつつあり、需要される労働力に見合って「職業のための教育」が機能し労働力を供給した。そのなかで上述の「教育イデオロギー」が形成され、教育の大衆化が進んだ。

4．「教育市場」を疑う

　しかし、スタグフレーションが顕著になった1970年代頃から、この関係に逆風が吹き、1980年代末からは先進諸国で財政負担の過重を理由に財政（特に社会福祉と教育への支出）が縮小され、「市場化」と「民営化」が導入された。また、国家収入が大衆課税（国家負債を含む）で補給され、課税の累進性が大きく緩和された。日本でも、一方で普遍性のための国民教育の予算が縮小され、他方で国家イデオロギーによる統制を伴った「国際化」などの標語とともに、「個性化」「多様化」「専門化」などの名目で教育内に市場的な競争を促すための「細分化」「分業化」に選別的に財政が投入された。

　こうして国民教育が市場原理に浸食され「新産業用人材の育成教育」に主導権を奪われると同時に、「分業」の細分化によって人々は相互に分断され、また個人としても自らの一貫性を失って断片的存在となる。教育制度は、こうした分断を克服する社会関係の形成を促すのでなく、この分断を合理化する役割を担う。すなわち、「自由な教育市場においては、それぞれの「学力」に応じた教育が適正に配分され、さらに労働市場においては、教育成果を基準として職業が適正に配分される」というイデオロギーが結晶し「成功神話」となって、「労働と所得の二極分化による貧困問題の原因は、各人の能力と努力の欠如にあって、社会制度の問題ではない」とするのである。

　現代では、諸産業の目まぐるしい変化に対応して、労働需要も激しく変化する。資本の移動と同時に大量の労働者群が移動させられるのである。もちろん、階級関係の基礎となる社会的分化は維持されるのであって、こうした変化に翻弄され犠牲となるのはもっぱら労働者階級である。そして、その犠牲をそっと覆い隠すのが「労働市場」である。労働者は自らの「自由な」意思で契約先を希望できる。あとは「能力」次第であって、「教育市場」で頑張れば、社会的地位を這い上がることができる、というわけである。成功の道が狭ければ狭いほど光り輝くのは、多くの労働者が「自分には能力と運がなかった」と、上記の教育幻想によって「納得させられる」からである。

　それだけでない。市場原理の効率性と公正さが適正な職業配分を実現させる、とするイデオロギーは、資産とともに社会的地位（事実上の身分）を相続することを保障する現代の階級制を覆い隠すヴェールとなっている(13)。

　日本の現状は、普通教育・職業教育を国民に保障すべき公的教育が、イデ

オロギー教育に傾斜しながら政策的機能不全に陥って、教育「商品価値」の「創造」を加速し、教育と職業をめぐるビジネスを繁盛させている。「教育市場」で露呈したのは、教育そのものを置き去りにしその本性的行動として利潤拡大を追求する強欲な資本のニヒリズムである。

5．教育幻想からの自由

　こうした時代においてこそ、教育の「商品価値」とは異なる原則によって、多様な人格の間をとり結ぶものとしての社会関係の形成に貢献する教育が構想されねばならない。そして、この構想のもとに人格形成のための学び合いが国民から託された教育者の媒介で営まれるのと並行して、その教育を支えるための経済理論も整えられなくてはならない。

　また、大学教育に関して、いま恣意的政策により特定分野の「専門化」が進められ、またあまりにも極端な実学・実利重視の政策がとられている。これに対して、「リベラルアーツ」の重要さが主張されるが、その根拠を「学問の伝統」だけに頼ってはいられない。上述のような資本主義のなかに位置する教育の問題として捉えることが必要であろう。

　さらに、改憲問題で注目を集めた学生たちにも、上述のような教育状況下にあるものとして、自らの社会的存在を問い直すことが必要であろう。たしかに政治的無関心が広がるなか、積極的で活動的な若者に世代を超えて大きな期待が寄せられる。しかしその先行きが気に懸かる。学生という社会的存在は時期的に限定されているからである。皆が政治の専門家になるわけではない。極端にいえば、これから大企業の正社員となったり、非正規雇用となったりと別々の道に分かれることになるが、いずれの生活においても、政治的・社会的問題に学生として直面し、共有した貴重な体験をどこまで活かしていけるのか。

　五十年ほど前、学生運動のさなか、若者たちの心をとらえた言葉があった。「僕は二十歳だった。それが人生でもっとも美しいときだとは誰にも言わせない」（ポール・ニザン『アデンアラビア』）。人は年齢に合わせて考えを変

えるものだ、という老成した声に誘われ、いま真剣に考えていることが、い
ずれ「若く未熟なときに考えたこと」と思い出すだけのものになるというな
ら、いま考えるすべてはむなしい。しかし、どの年代であっても、どの社会
的位置にあっても、良いものは良い、誤りは誤り、と納得しうることは厳然
と存在する。政治的、階級的制約から自由に、そうした普遍的真理を探究し
うる場が大学であろう。そしてその探究を妨げる何かがあれば、それと正面
から対峙する学生たちが連帯しうる場でもある。そうするためには、何より
もまず「教育幻想」をときほぐさなければならない。

【注】

(1) 宇野弘蔵『経済原論』岩波全書219頁

(2) これは、「労働者を仕事に適合させるべきで、仕事を労働者に適合させるべ
きではない」とするプラトンの身分論と相似形である。マルクスによれば、
プラトンは分業を諸身分の社会的区分の基礎として取り扱い、「社会的諸生
産部門の区分の結果として、諸商品はよりよく作られ、人間のいろいろな性
向や才能は自分に適した活動部門を選び、そして制限（限定）のないところで
はどこでもたいしたことはなされなくなる。こうして、生産物も生産者も分
業によって改善される」としている（『資本論』第一巻 大月書店479頁／普
及版原書387頁）。この分業論に、「性向や才能」が「自分に適した活動部門」
を選ぶ前に「自分の意思」で「自費で自らを教育しておくこと」を追加すれ
ば、上記の教育イデオロギーとなる。

(3) 「財」から区別される「サービス」について価値を論ずることには異論が予
想されるが、その多くは「個人のサービス労働」と「資本の支配下で資本が
消費するサービス労働」との混同に基づく。ここでは「資本と労働者」、「資
本と資本」、「資本と消費者」の関係が問題となっている。

(4) 一般的に社会的に有用な新技術が導入されるとき、その技術の習得は社会
的負担となる。しかし資本主義においては、その新技術を習得した労働者を
特定の個別資本のみが使用し、他の資本に対して優位にたてば、さしあたっ
てはそれを導入した個別資本に特別利潤が発生する。これを新技術の社会的

　　普及のための費用と見なせば、新技術の習得費用はその個別資本の負担する
　　費用となる。しかし個別資本は、その習得費用を新設備のための研究・開発
　　費用などと同様に特別利潤実現のための要素とする。そしてこれを労働者の
　　負担に、あるいは社会的負担に転嫁しようとするのである。

(5)　本論文では「職業のための教育」を話題とし、「教育の労務」を「生産」に
　　関わるものに限定しているが、もう一面では、「消費」にも関わる。「消費と
　　しての教育」は別途考察されなければならない。

(6)　マニュファクチュア的分業では、熟練労働者が優位であって、資本は絶え
　　ずこの労働者の不従順と戦っている。しかし、マニュファクチュア的分業が
　　自身で生み出した機械が手工業的活動を廃棄して、資本は労働者支配への制
　　限を解除される（『資本論』第一巻482〜484頁／普及版原書389〜340頁）。現
　　代では、医療、教育、福祉など、とくに人間を対象とする労働分野における
　　機械導入への対応が十分でなく、直接に関わる労働者の肉体的・精神的負担
　　が過重となっている。

(7)　教育「価値」の広がりが非可逆的である、とする根拠はない。むしろ教育
　　資本は、部分的存在であることによって、公教育との差異を確保し、「特別
　　利潤」を享受する。

(8)　たとえば教育の「商品価値」が幼少期からの受験競争を激化させ、子ども
　　時代を奪うだけでなく、地域生活からの隔離、さらには社会的亀裂を促進す
　　る。

(9)　資本の原始的蓄積の場合、溢れる失業者によって労働者の生活費用が最低
　　限になるだけであったが、この場合は労働市場に登場する前に自費で「教育」
　　を購入しておくものとされ、ときに負債を抱えて労働市場に出ることになる。

(10)　日本では、1980年代に「市場原理」が導入され「教育の自由化」、「民営化」
　　が推進されたが、「人材化」そのものは、それ以前に始まっている。たとえ
　　ば戦後の「新教育」も、発足まもなくその目標が産業界のための「人材」育
　　成に圧倒されてしまった。

(11)『資本論』第一巻475頁／普及版原書384頁　マルクスの引用。

(12)　スミス自体がこの二面性をもった。また、スミス時代の手工業的な労働の
　　細分化は、次の大工業の時代には単純な労働によって駆逐されることに留意

　　　しておく。

（13）公正を求めて教育格差を是正することは、たしかに貧困層からエスタブリ
　　　ッシュメントに近づく者も生み出すであろうが、それはごく一部であって、
　　　かえってそのことがいっそうヴェールを強化することにもなりうる。そうな
　　　っては本末転倒であろう。

第3章　教育の市場化と財政の腐食

… 憲法に基づく教育を創る …

1．教育行政と私学の「不祥事」

　教育財政に関する問題が続発する。まずは、文科省官僚の長年にわたる組織的な天下りである。文科省は、私立大学に対して許認可権を持ち補助金を交付する立場にあって、天下りの見返りに、私立大学へ補助金受給のノウハウを伝授したり、補助金支給にあたって優遇したのではないかと疑われている。これは倫理的規制などで解決しうる問題ではない。

　つぎに、大阪府の私立小学校設立問題では、公有地売却に関して政治家の関与が疑われたり、設立者の不法行為や教育に関する政治的イデオロギーが注目されるが、それらとは別に、次々に登場する「補助金」「減税措置」が一般の人々に強い違和感を与える。

　さらに、今治市への獣医学部新設に際する政府の介入疑惑と疑惑隠し問題とが加わる。

　これらは、いずれも個別的な不祥事では済まされない。公的資金と私学との関係として、また「教育の市場化」の成れの果（はて）として、問題の根源が明らかにされなければならない。

2．私学補助と憲法

　一般にはあまり知られていないが、そもそも「私教育」への財政支出は、国であっても地方政府であっても、憲法から見ると重大な問題である。憲法は次のように定める。

　　公金その他の公の財産は、宗教上の組織若しくは団体の使用、便益若しく

は維持のため、又は公の支配に属しない慈善、教育若しくは博愛の事業に対し、これを支出し、またはその利用に供してはならない。

（日本国憲法第89条）

慈善、教育、博愛の事業をおこなう組織・団体は、必ずしも資金にゆとりがあるわけではない。補助金を出して支援してもよいのではないか、むしろ支援すべきではないか。そのような声を支えに、種々の立法措置がはかられてきた。しかし、憲法は、これを禁止する。政府や自治体の私的事業への干渉を防ぎ、あるいは公の財産の濫費を防ぐためである。

ところが、1975年に「私立学校振興助成法」が議員立法で成立した。その背景として、憲法第26条において、すべて国民は「教育を受ける権利」を均等に保障され、また第25条で「生存権」を保障されているにもかかわらず、財政面の制約によって保障は十分でなかった。そのうえ、国民の教育に対する期待が高まって「教育の大衆化」が進み、大学教育、高校教育の需要が増大したために、国立大学、公立校だけでは国民の教育権を十分に保障しえなかった。そこで、この教育需要の一端を引き受けた私学への公的助成が要請され、また公立と私学との授業料等の格差問題が注目されて、私学への助成が正当化されたのである。現在、私学在学者の割合は、大学・短大で約7割、高校で約3割、幼稚園で約8割、専修・各種学校で9割以上であり、私学の担う役割は大きい（『文部科学白書2015』）。

しかし、憲法を差し置いての、このような対処は矛盾をはらむ[1]。一方で憲法は、思想、良心及び学問について、国家の公正、中立を規定しているので、補助金を出しても私学の主義・主張を規制したり助長したりはできない[2]。他方で、公的補助を出すために私学が「公の支配に属するもの」と見なされるので、私学の自主性・独立性が損なわれることが懸念される。この矛盾に私的教育資本が付け込むことで、私学による恣意的な教育[3]、放漫な経営、行政による「忖度」という恣意的補助、官僚の天下り、政治家の関与による利益供与などの問題が発生する。構造的な欠陥の状態なのである。

とくに、教育では公正、中立であるべき国家自身が、政党的イデオロギーに傾斜した教育策を推進するときに、補助金に依存する私学が自主性・独立

性を維持するのは難しい。また、研究・学問が補助金供与によって特定方向へと誘導されやすい。もちろんこれには、私学だけでなく、予算削減に苦しむ公立大学・研究機関なども巻き込まれる[4]。

このように、憲法第89条の機能不全によって、私学と財政との関係が腐蝕の温床となっているのである。では、この両者を取り巻く教育事情はいかなるものか。私学は学生募集の競争のなかに置かれ、教育財政は、私学補助や奨学金の増額を期待される一方で、主に公教育を財政面で担っている。「教育の市場化」を公共領域との関係から考えよう[5]。

3. 教育財政と教育の市場化

日本の学校教育費は、他の OECD 諸国と比較して、公的支出が低く、私費支出が相対的に高い[6]。これに、初等中等教育段階からの学校教育費以外の支出（塾、習い事など）が加わる。過重ともいえる負担を、どうして各家庭が引き受けるのであろうか。

日本に限らず、かつて親たちは自分の子どもたちが大学を経由してやがて年金と健康保険の備わった正規雇用者となることを期待した。さらにその子どもたちの機会はいっそう広がって、企業家や弁護士や、医者にもなりうる、という希望を持った。開放的で階層間流動性が高い社会において、能力が正当に評価されるなら、努力次第で社会的地位を高めることができる、と思ったのである。これは「各自が教育市場で自らの教育を自由に選ぶことで、それぞれの学力に応じた教育が適正に配分される、さらに労働市場において、その教育成果を基準として職業が適正に配分される」という期待である[7]。

このような期待は、実現しそうで、なかなか実現しないことで、いっそう根強い「幻想」となる。そして「学歴から実力へ」、「一般でなく専門[8]」、「知識よりも実技」などの「改良」の動きは、この「学力ヒエラルキー」を疑うものではなかった。むしろ「労働市場」に対応する人材育成のために有用な教育を、「教育市場」へ「商品」として供給しやすくした。すなわち、教育を規格化・標準化・モノ化することで、商品としていっそう扱いやすく

する役割を果たしたのである。こうして、教育はどの階層にあってもお金を出せば購入しうるものになるが、その教育商品の効用を知るときには、すでに支払いが済んでいて、取引のやり直しはまず不可能である。しかしそのような「教育市場」であっても、「子どもの将来への不安」を煽られれば、親としては無理をすることになる。

　もっとも、1970年代初め頃までの経済成長期には、大学が新卒者を企業に供給する機能は有効とされていた。新規学卒者が就職するポストも拡張していたのである。

　しかし、大学の大衆化が進み新卒者数が増大したころ、ちょうど経済の低成長・停滞の時期となった。そのうえ産業構造の変化や新自由主義政策によって大卒者の増加に見合うポストが確保されず、さらに正規雇用の割合が減らされた。企業は「経営効率化」や「市場競争」を強いられ、正規雇用を二〜三割、残りはいつでも減員できる非正規雇用とせざるをえなかった。新規大卒者の就職内定率が高まったとしても、それは以前に高卒者が担っていた職種を大卒者が担うようになったためであったり、人材派遣会社への「就職」であったりする。こうして、いわゆる「学歴インフレ」とも呼ばれる状況となって、教育へ「投資」してもその成果は確実でなくなった。しかし、それでもなお過剰な期待は続く。

　こうしたなかで注目されたのが格差問題である。親の資産と社会的地位によって、子どもの将来が限定されることに対して、社会的公正の観点から無償奨学金などが求められた。これに正面から異論は出にくいが、実際には財政難を理由に対策は部分的になって全体の解決策でなく、しかも継続性が保証されない。もちろん、公正さを追求する姿勢が示されることは教育的には意義をもつが、国民の教育権の保障にも格差の解消にも至らない。

　そればかりではない。「公的資金の増額」を求めるだけでは、いまの雇用と教育の制度を容認したうえで、その制度の補強を求めることになる。すなわち、「学力に応じた社会階層が形成されること」が目標とされ、そのために公正な競争となるように経済的条件を整えよ、と主張するに等しいのである。

　さらに、奨学金にせよ私学補助金にせよ、現行制度ではいずれも「市場」

に流れる。それが直接的に教育のために使われるとは限らない。たとえば、私学は生き残り競争のため学部・学科の目新しい名前を創造したり、広告会社に依頼したりするための資金を欲する。

　こうして全体を振り返れば、教育への過剰な期待によって、家計も財政も身の丈を越えた無理な支出をしているにもかかわらず、それに見合った成果をえられない（ここでは教育された労働力を市場で購入する資本がその負担を免れている）。カネをかければ「市場」は拡大するが、それで教育が充実するわけではない。にもかかわらず、いま「教育費をいかに捻出するか」が問われる。すなわち、政府が負担すべきか、本人・家庭が負担すべきか。しかも、これが「国家か市場か」の二者択一にすり替えられる。巧妙な陥穽である。

　これを避けるための道は、「教育には金がかかる」とする根拠はなにか、と問うことである。諸問題の根源である「教育の市場化」とそれがもたらす荒廃を顧みずに財政投入を増やすならば、いまの制度的欠陥を温存させたまま、教育を利潤獲得の手段とする「教育資本」や「教育政商」を助長し、教育財政を腐蝕させるだけになる。

4．教育の市場化と国家の策動

　市場と国家との関係について、イギリスの人類学者デヴィッド・グレーバー[9]は、「20世紀の大いなる罠」として、次のように述べている。

　一方には市場の論理がある。たがいになにも負うことのない個人の出会う場であると好んで想定されているのが市場である。他方には国家の論理がある。だれもが決して返済しえない負債を背負って出発する場所である。そして市場と国家は正反対のものであり、それらのあいだにこそ人間の唯一の真の可能性があると、わたしたちはたえまなく教えられてきた。しかしこれは誤った二分法である。国家は市場を創造する。市場は国家を必要とする。どちらも互いなくしては存続しえないし、少なくとも今日知られ

ているようなかたちでは存続しえないのである。

（『負債論』以文社107頁）

　ここでグレーバーのいう「市場の論理」とは、「非人格的なものであり、そして商品交換によって負債は解消されうる」とする論理である。また、「国家の論理」とは、個々人の存在基盤となった自然や社会の連続性と持続性に対して負っているものを「国家への負債」と僭称する論理である。グレーバーは、人類学の見地から人間の取引行為の論理を考察することを通じて、人々が「自明の理」と見なししがみついている論理を解きほぐそうとする。そうして「負債とは何か」と問うわけである[10]。

　もちろん本論では、グレーバーの問いとは別に、「教育はカネで買うものなのか」と問うのであるが、「大いなる罠」という警告は重要である。

　1980年代に先進資本主義諸国は、「国家か市場か」の二者択一を迫られた。そして「国家の退場」と宣言されながら、実際には国家による凄惨な暴力によって「市場化」が進められた。その際に、「小さな政府」「規制緩和」「市場原理」「民営化」などの標語のなかに「教育の市場化」「教育の自由化」が仕掛けられていたのである。

　「国家」と「市場」との対決というのは、巧みな見せかけである。たとえば、財政縮小と大衆課税とで生み出される原資が、「自由な市場への財政投入」と「法人税減税」とを通じて、巨大資本に流し込まれるというマッチポンプの手法がとられる。

　政治過程の文脈でいうなら、A政権が「行政改革」と「大衆課税」で財源を掘り起こし、交替したB政権がこの財源に国家負債による原資を加え、企業への減税策と補助金とによる逆進的再分配に充当する。この政権キャッチボールのなかで、格差拡大が極限に達することになる（現実の政治過程は、もう少し捻れた形で現れ、上手に粉飾される）。

　「経済成長」「市場の効率性」を前提としたうえで、この「国家」と「市場」との対立という舞台が設定され、その上で「両者の適正配分」が演じられる。しかし実際のところは、国家によって市場が創造され、市場によって国家の強制力が紛れるのである。教育に関しては、たびたびの「入試制度の

- 46 -

変更」によって市場にビジネスチャンスが与えられ教育産業が活性化された
り、「教員免許の更新」のために受講する教員の負担で大学の講座が増やさ
れたりする。また、グローバル化、小学校の英語授業、アクティブラーニン
グなどでは、市場経由の多種多様な教材・教育機器が用いられるが、その内
容や教育方法は、画一的統制的に現場に一方的に与えられるのである。こう
した財政投入による制度化とその再編成 (11) のなかで、「教育の市場化」が
いっそう進行し、「国家のイデオロギー統制」が強化されながら、市場と国
家の保身がともにはかられる。この「大いなる罠」を脱却する道が、あらた
めて「教育はカネで買うものなのか」と問うことなのである。

　教育は、たしかに歴史過程のなかで市場で売買されるようになった。しか
し、教育の商品化は、商品経済の発展としての「必然的過程」なのであろう
か。このことを、労働力の商品化をベースとして解明しよう。

　労働力という商品は、資本自身が生産できないものであって、労働者の生
活過程で維持される。その労働力が商品として現れ始めるのは、商品経済の
内的発展としてでなく、原始的蓄積の過程のなかである。労働力の担い手は、
中世的身分制から「自由」となり、同時に一切の生産手段から「自由」とな
った（生産手段のない）労働者である。彼らは、たとえばイギリスの「囲い
込み運動」のように、暴力的手段あるいは議会決議を経た法的強制力によっ
て土地を追い出された農民たちが、都市に集中したことを契機に出現した。
労働力の市場は、「自らの論理にそっておのずと発展する」わけではないの
である。

　教育に関しては、もともと生活過程や労働・生産過程における共同を通し
て、言語や生活様式などの文化の継承、生計能力の習得などを、家族や共同
体が担ったのであって、もちろん市場で取引されてはいなかった。資本主義
社会に至って、資本は、資本の生産過程に適応する安価な単純労働力を求め
た。それでも「労働貧民の腐敗と堕落を阻止するために」政府による最小限
の教育が必要であるという主張が出てきた。また、労働者をはじめとする国
民大衆からは、人間らしく生きるために教育を受ける権利が求められた。こ
うして実現した公教育は、近代産業に対応した労働力を資本に供給する機能
を果たしたが、教育自体はまだ市場化されてはいない。

　しかし、この公教育の成立と拡張によって、共同体の教育機能と社会的比重は著しく縮小されてしまう（資本主義化の影響力は労働過程だけでなく労働者の生活領域まで及ぶのである）。このため、いったん拡張された公教育がそののち縮小に転じたとしても、教育機能が共同体に回帰することはない（共同体は縮小・解体されている）。資本は、労働者がその生活過程で資格や技術を習得する教育を受けるように仕向けるが、その費用も労働者の自己負担に、あるいは社会的負担に転嫁しようとする。市場は、この教育需要を好機として取り込む。労働者は、「教育市場」で一定の教育を受けなければ、その教育を受けた者からは、労働市場において一定期限内で区別される。こうして労働者は、規格化された教育を市場で購入することを余儀なくされるのである[12]。

　この「教育市場」には、一定の基準・規格が必要であり、その設定には国家が関わる。それだけではない。そもそも、公教育の拡張とその縮小の過程は、国家自身の積極的な作為によるものである。上記の過程は、「市場の論理」自身によるものではないのである。

　「教育の市場化」は、それぞれの国々のあり方そしてその変化のあり方によって、「資本の論理」が異なった展開を遂げるものとして捉えることができる[13]。すなわち、「教育の市場化」が資本主義の歴史的展開として必然的だとはいえない。にもかかわらず、教育を市場で売買することが既定の前提とされて、その費用を国家が担うのか、市場の効率性に委ねるか、との選択を迫られる。これは、市場へと巧みに誘う詐術であり、そこには恣意的に設定された市場と強権国家とが結託して待ち受けている。それゆえに、この問題設定自体の妥当性を問うことを経てこそ、教育に託する願いを新たにすることができる。

５．憲法が定める「能力に応じて」

　憲法第26条は「すべて国民は、法律の定めるところにより、その能力に応じて、ひとしく教育を受ける権利を有する」としている。この「能力に応じ

て」とは、「学力偏差値」に比例して、という意味ではない。「学力が高い者」と「学力が低い者」とが異なった教育を受ける、ということではないのである。そのような基準となりうる「学力」など存在しえない。にもかかわらず、これまでの各種の「入試改革」は、実質的に「人間をその能力によって一律の基準で並べることができる」という観点で、いかに「公正な」審判ができるかを考えてきた。不可能を可能のごとくいい、失敗を平然と繰り返してきたのである。

　「能力に応じて」は、英語ではcorrespondent to their abilityである。いいかえれば「能力に対応して」「能力に呼応して」であろう。これが「権利」としての規定であることを踏まえると、各自が持つさまざまな能力のうちで、とくにどの能力を伸ばすか、本人の希望する能力に対応して、教育を受ける権利がある、ということである。しかも「ひとしく教育を受ける権利を有する」というのである [14]。

　この「能力に応じて」教育を受ける権利は、「能力に応じて働くこと」、「能力に応じて生活すること」を保障するためでもある。先ほどの第26条の解釈を「教育」だけに限定せずに、広く他の人間関係のなかに置いてみよう。市場の「価値」関係の縛りをほどき、人間社会の将来を想像するものとして、たとえば「各人はその能力に応じて、各人にはその必要に応じて！」[15] という伝説的な言葉がある。

　この場合の「能力」は、数量で上下垂直方向に社会的地位として配置されるものではない。マルクスの表現によれば、「個人が分業に奴隷的な従属をすることがなくなり」、「精神労働と肉体労働との対立がなくなったのち」のことだからである。そこでは、各人がいかなる能力によって社会に対して貢献しうるのか、何をどのようにすればもっとも効果的になるのか、ということが、市場の「価値」関係から解放されたうえで自由に構想されるであろう。各人の間の競争はほぼ意味をもたない。むしろ、競争に勝ち残りそうな「有能な人」は、特定の職に固執する必要はなく、容易に（別の新たな教育を受け）次の困難な職に向かうことができる。それに対して、ごく普通の人々は時間をかけて一定の職にようやく慣れる。両者は互いにそれぞれの選択を承認し合う。互いの職業の違いに「価値」は関わりがないのである。

　その際に大切になってくることは、各人の能力を高めるために、「いつで
も、だれでも、何度でも」職業のための教育を受けられる機会と環境が整え
られているということである。そうすることは、「市場の教育」でみられる
ような、過度に競争的で無理・無駄な消耗を減ずることになって、結果とし
て社会全体の効率を高めることになる。

　こうした社会では、各人のもっとも適切な貢献が社会にもたらされ、そし
て各人はその労働において自らの能力を発展させることで生命活動を充実す
る、したがって各人と社会との信頼関係が確証される。教育によって、各人
が主体的に自らの能力を発展させそれを労働・生産活動において発揮するこ
とが同時に社会への自発的な貢献となるのである。これが社会的に保障され
るのは、市場の呪縛のなかではけっして到達しえない地平である。

６．教育を解明する経済理論と日本国憲法

　たしかにアダム・スミスがいうように、「だれひとりとして二匹の犬が骨
を交換するのをみた者はいない」のであろう。しかし、そこにいる二匹は、
大きすぎる骨をもてあます小型犬と、小さすぎる骨に不満な大型犬とであっ
て、両者は「価値が等しい物を交換せよ」とする「正義」のもとに置かれて
いるために、ともに困っているのかもしれない。このとき、「賢い人」は、
骨の分割の仕方をアドバイスする。起業家なら、電動ノコギリを有償で貸し
出すことを思いつく。ところが普通の生活者は問う。「取りかえない理由で
もあるのか」。

　このような生活者の問いが特別なのではない。むしろ日常生活が「時の常
識」という形式の特別なイデオロギーの枠内に収められている。たとえば「教
育にはお金がかかる」という常識は、「お金を払わないと教育を受けられな
い」、「お金を支払わないなら教育をしない」、「お金がない人は教育を受けら
れない」と展開される。そして、その「お金」は各家庭の負担か、国の負担
かという話に誘導される。一方では、「格差が拡大しても治安問題を深刻化
させない程度であれば、むしろ賃金を抑え経済を活性化させる」との思惑で

「金を出すのも出さないのも各家庭の自由でよい」とする。

　他方では、安定した財源を長期的に確保する見通しがないままに、国が負担すべきとする。この両者の間での「適度な配分」は政治勢力どうしの合意の適度さにすぎず、問題解決の適度さではない。こうして「家庭か国か」という枠組みの窮屈さが露呈したときに、あらためて自然な問いが生まれる。そもそも「どうして教育に金がかかるのか」。もちろん、コスト論での応答は方角違いの笑い話になる。

　教育世界を対象とする経済理論は、このような問いに対して、問いの根源まで掘り起こす。「いかにして教育に金がかかる仕組みが成り立っているか」を解明するのである。それによって、「教育に金がかかる社会」を克服した姿が視野に入ることになる。

　本論文も、これまでの『資本論』考察の蓄積で整序された「資本の論理」に依拠して、教育をめぐる混迷に光をあてようとした。その結果、「教育の商品化」への疑いは「労働力の商品化」への問いに溯り、さらに「商品化」そのものを問うことになったわけである。

　また本論文は、教育の市場化と財政との関係の解明を試みたが、社会的公正の実現のために財政投入の強化を求めることに対し、それが「教育の市場化」とその問題をむしろ拡張するのではないか、と憲法第89条を引き合いに出して疑問を投げかけた。

　ところが現実の政治過程として、「教育無償化」のために第26条を改正しようという動きがある。国民から歓迎されやすい条項でまず改憲の実績をあげようという「お試し改憲」である。しかし第26条は、教育無償化を禁止しているわけではないので、改憲の必要性にはまったく根拠がない。そこで、むしろ第89条の改定の方が利用されてしまうのではないか、という懸念が生まれるかもしれない。しかし、その変更は、財政の恣意的配分を慢性化させ、政治の歪みを制度的に公認することになるだけでなく、「市民社会の原理」の根幹となる「神聖な」財産権を脅かすことになるため、敬遠されるのである。

　こうして本論文は、第89条が「教育の市場化」「私物化」に対して一定の歯止めとなりうるとしたのであるが、じつはそれだけではない。この条項を

含めて日本国憲法の全体には、教育権の本質的意義に即して、教育の中立性、機会均等、公正さ、自由が規定されているにもかかわらず、いまだ十分に活用されていない。憲法の可能性が積極的に開かれるのはこれからのことなのである。そして、「教育の市場化」とその腐敗の解明に並行して、社会を構成する主体の形成を促す公的教育が再構築されるのもまたこれからである、とする。

【注】

（1）第89条は第19条、第20条、第23条、第26条と相関する。一つのみ変えるのは不整合を来す。

（2）この条項の「公の支配」は、国家（政府）が思想、良心および学問に対して、公正、中立性を遵守することを大前提とするが、こんにち政府が公教育の内容にイデオロギー的に干渉するだけでなく、私教育にも、家庭教育にも介入しつつある。憲法制定の時期に、およそ想定しえなかった状況である。

（3）従来の日本の私学は、西欧諸国に比べ、特定の信念、主義、思想とあまり結びついてはいなかったが、こんにち、異なった事情が生じている。『教育勅語』による教育を掲げる学校も現れているのである。

（4）補助金は文科省だけではない。特に懸念されるのは、軍事技術開発への誘惑である。米軍によってもまた防衛省によっても、潤沢な資金提供が呼びかけられる。

（5）教育には、職業のための教育と、最終的な消費としての教育とがある。本論文は前者の考察に限定しているが、両者それぞれの独自性やその関係性、また両者の歴史的経緯は別途に考察を要する。

（6）2012年の教育費支出を対GDP比でみると、特に高等教育で日本は、公的支出0.5％、私費支出1.0％である。OECD諸国では、それぞれの支出が、イギリスで1.2％、0.6％、ドイツで1.2％、0.0％、フランス1.3％、0.2％、アメリカ1.4％、1.4％となっている。（OECD「図で見る教育2015」）

（7）前節「教育の市場化と資本の論理」において、「教育に投資して、よい学校、よい資格、よい企業を経て、学歴や資格を取れば、高い報酬を安定してえられる」という常識を「教育幻想」と名付け、そのイデオロギー性を「教育価

値」「教育市場」の検証を通じて解明しようと試みた。

(8)　資格、技術が多様となったといわれるが、多様な資格、多様な技術が水平
　　的な位置関係をとるとは限らない。資格世界のピラミッド構造を形成しその
　　裾野が広がることにもなる。

(9)　ロンドン・スクール・オブ・エコノミックス大学教授。文化人類学者。活
　　動家として 2011 年のウォール街占拠運動に参加し、「我々は 99 ％だ」とい
　　うスローガンを生み出した。著書『アナーキスト人類学のための断章』『資
　　本主義後の世界のために』『負債論』。

(10)　グレーバーは「だれであれ借りた金は返さないと」という「自明な理」に
　　立ち向かうことから『負債論』を説き起こしている。たとえば、第三世界の
　　独裁者への（返済不能の可能性があると知ったうえでの）融資金がスイスの
　　銀行に残されていながら、政権交代後の政府が債務返還のための財政緊縮策
　　を IMF から迫られ、衛生費を確保できずにマラリアで国民 1 万人を死なせる
　　結果を招くとしても、「やはり返さなければならない」のだろうか。その一
　　方で、「大きすぎて潰せない」とされ、支払いの義務を免れる富裕者たちも
　　いる。そこで、根源的な問いが生まれる。「負債とは何か」。

(11)　教育行政の打ち出す「方針」が、教育資本を活況づける。とくに「変更」
　　はビジネスチャンスとされる。一方、行政は「反省」することがない。定期
　　的に「改革」を打ち出し、打ち出して財政を支出すること自体が業績となる
　　ので、その結果を見ることなく責任者は別の部門に栄転する。

(12)　教育で得る資格・技術の「価値」については、前章の「教育の市場化と資
　　本の論理」を参照。資本主義生産では元来機械化に対応する単純労働が想定
　　されるが、同時に個別資本は特別利潤を目指し新生産技術や新生産物を採用
　　する。そのために要する労働者への一定程度の訓練費用は新技術導入の費用
　　と同様、特別利潤の形成要素となる。新技術は、特許や著作権で他資本の市
　　場参入を阻めるあいだ特別利潤をえる。その一部が労働者の訓練費用に充当
　　される。個別資本はこの費用を労働者の自己負担に（労働者が生活過程で自
　　費で習得）、または社会的負担に（公教育に）転嫁しようとする。さらに資
　　本は労働の単純化で賃金抑制をはかるので専門的技術も陳腐化し賃金も平均
　　的労働者と違いがなくなる。

（13）もともと公教育の割合が少なく、その縮小も容易に進行する国もあれば、こんにちでも公教育の充実が維持され高等教育まで無償で保障されるという国もある。

（14）実際には、多くの希望が高所得の職業につながる教育に集中したり、あるいは経済状態によって希望を出せない人があったりする。特定の職業の圧力団体が高所得の維持のため教育を受ける人数を政治力で制限するのをやめたり、あるいは教育費を社会的負担にしたりするなどの条件が必要となる。

（15）マルクス『ゴータ綱領批判』（国民文庫版）45頁。

第4章　道徳の過剰と人材育成の幻惑
… 擬制資本に蝕まれる社会 …

1.「道徳」の評価が始まる

　2018 年から、小学校で道徳が「教科」となり、その評価が始まった。この「道徳」が、子どもたちの心の内面に立ち入ったり、やがて子どもたちに特定のイデオロギーが注入される道が拓かれたりするのではないかと危惧される。ところがその一方で、この危惧が「戦前の修身を嫌う戦後世代の古めかしい杞憂」とみなされるだけでなく、「道徳」が育成する意志や態度が学校秩序の維持にむしろ有用であるとする風潮も生まれかねない。

　したがって、問題は「特別の教科・道徳」のあり方や、教育への政治の介入だけではない。これまでの学校教育に、道徳の政治的利用が入り込む隙が、すでに内在していたのではないか。すなわち、かつての「少国民の錬成」に対する批判が、その内容にとどまり、子どもたちを「錬成」の対象と見る「修身」の「かたち」を変ええなかったのではないか。いまさらの「自ら考える」「自主的活動」なども、目標でなく手段という扱いにすぎない。

　この「かたち」は、道徳教育だけではなく、これまで「産業発展に有用な人材の育成」を中心に置いてきた学校教育全体のあり方に及ぶ。そして、このことこそがこんにちの教育問題の根源であるにもかかわらず、「自由な競争」や「市場による調整」に紛れて、明るみに現れてこない。多くの人々が、ひたすら「人材育成」に追い立てられ、それに熱狂し、挫折して、なおもそれから脱却できない。

　この「人材育成」への執着を解明し反省する手がかりをマルクス『資本論』で模索する。

2. 道徳教育の強化を疑う

　道徳教育の強化が求められている、といわれる。これに、次のような「穏当」な言い回しが加わる。「戦前の修身科は知育不足の徳目主義だったが、戦後は知育偏重で道徳原則の教育が欠けている。いまはバランスを取って道徳を教えることが必要だ」。ポイントは、これがいかなる立場からの主張か、である。教え込まれる側ではない。教え込む側、また為政者の側の発想である。これに対して、教育の立場に立つ道徳教育は、別の発想をとる。

　子どもたちはすでに一定の倫理性を持って呼吸している。学校という場では、それをいったんカッコに入れさせ、道徳の系列を学ばせることはできる。巧みな例を引いて感銘を与えることもできる。ただ、その場限りのことになる恐れがある。いきおい日常に徳目を徹底させるために、学校の支配領域を拡張させがちになる。また、具体的生活のなかでは徳目同士の葛藤が不可避であって、その処理の一般的解決策は、与える側の恣意とならざるをえない。

　こうした徳目の注入は、容易ではない。なだめすかし・叱責、ときには強圧が伴うのであって、効率をめざせば、教育活動の範囲を越える。それに対応して子どもたちには、本音と建て前との分離・二元化が生じる。賢い子どもたちは、高い評価を受けるための術をいち早く身につけるのである。

　教育としては、子どもたちの道徳性に対しては、ただそれを深めさせ、広げさせることだけが可能である。いかに普遍的・実体的であるかに思える徳目であっても、それを外部から超越的に持ち込むならば、たしかに子どもが持ち合わせる道徳性を圧倒し沈黙させることはできるが、そのあり方に働きかけることにはならない。むしろ外部への依存は自律を弱める。そして、徳目どうしの葛藤を自覚してそれに対処するよりも葛藤を回避するように導く。また、徳目による権威・権力や「高潔な人」の「不道徳の人」への不寛容を目の当たりにすることから、徳目の受け売りや自惚れからの過剰な信念が生じることもある。一般に、道徳を好む人は、他人のなかにそれを見いだせば自分のために喜び、他人のなかにそれが欠けるとみなせば、その人を道徳的人間とするための教育を要求する。しかし、パスカルは言う、「真の道

徳は、道徳を軽蔑する」。

　ここでは、道徳教育について、二つの考えが対立している。一つは、共同生活に必要とされる規範を子どもたちの内面に刻みつけるために、「偉人」に託して徳目を印象づける（なお、国家が要求する規範は普遍的とは限らない）。このときに、道徳性は個人の内部（こころ）の問題でしかないのであるから、共同生活へ「同化」させるための「物語」には、社会認識の的確さはかならずしも要しない。ときには、むしろ「妨げ」と見なされる。

　もう一つは、子どもの社会性を伸ばすために脱中心化を促すというもの。自己と他人の「同質化」によって小集団の安定を図るのではなく、自己がいま持ち合わせている社会関係を広げていこうとするところに、道徳性の意味をみる。すなわち、自己とは「異質な」他者や、自己をそのままでは受け入れない社会関係を見いだし（そのために一人ひとりの的確な社会認識が不可欠である）、それとの緊張を通じて、それでも折り合いをつけていける道を探すことを促すのである。これは、「道徳の授業」でなく、これまでの教育現場の日常に、そして現在にも存在する。

　しかし、いま強化されるのは前者である。では、現場にとってはただ厄介となる「教科」がいかなる事情で強化されるのか。

　たとえば、青少年の犯罪が衝撃的に報道される。じっさいにその数は増加しているわけでないのに、しかもそれが「心の教育」によって解決されうるかのように喧伝され、巧みに世論が誘導されてきた。しかし、いま教育問題の中心は、青少年が一人の市民として政治的判断を迫られるときに、自らの政治思想もその成立に不可欠な教養も、その芽生えすらほとんど持ち合わせていないことである。一方で、少数の勉強熱心な子どもたちは、受験に関係ない学習を要領よく処理する術を心得ており、「教養」に深入りすることを避ける。その結果、高度に知的とはいえるがまったく浅薄な知識しか持てない。他方で、多数の勉強嫌いの子どもたちは、「教養」を軽蔑したり、あるいは制度的に生み出される劣等感から「教養」を敬遠する。自らの生活から思想を生み出す手だてを持っていないのである。

　こうして、教養への無関心・意欲喪失がいわゆる「学力低下」に直結し、政策としての人材育成教育自体が行き詰まった結果、「付け足し」としての

「精神論」が広言を吐く。

　とはいえ、政治の立場としては、道徳教育の成立を要求しているのではないかもしれない。教育のために学校があるのではなく、「制度」のために「道徳教育」がなされるというときには、「制度」としての「特別の教科」道徳で足りる、というわけである。もちろんそこでは、教育のための政治でなく、特定の政治のための「教育」がなされるのである。

　さて、ここでは、人間が抽象的徳目のたんなる受け手とされている。しかし、そもそも一定の社会関係の中に生き、一定の倫理性をもちあわせて生きている人間が、抽象的徳目の一方的な受け手におとしめられるのはどうしてか。

　すでに学校は、「人材育成教育」にのみ込まれており、将来に有用な「人材」とされる子どもたちは、抽象的・数量的存在としてみなされている。現実の学校生活に即して道徳性が育まれることよりも、将来の経済的担い手として必要な能力や、そのための「意欲や態度」などの「心」の方が重要とされる。そして、それらを外部から注入するための道徳教育が、「教育の論理」を飛び越えて進められ、政治的にも利用されるのであろう。

　したがって、問題は教育が政治のしもべにされることだけではない。人間があたかもモノのように操作・加工の対象とされていること自体が問題なのである。

3. 「人材」をつくる教育を疑う

　戦後まもなく「教育基本法」は、「心身ともに健康な国民の育成」をめざして成立した。しかし、その後の学校教育は、産業発展に役立つ人材の育成を優先し、人々を「よい学校、よい資格、よい企業」へと誘導してきた。「金をかけて学歴や資格を得れば高報酬の安定した職を得られる」と信じられ、その「常識」が学校教育の存立理由の中心となって、学校の秩序が整えられ、種々の学校制度が形成されてきた。そして、やがて「教育の自由化」、「市場化」が、子ども同士、家庭同士の競争だけでなく、学校同士の競争をも過熱

させてきた。しかし、この「常識」は、当初からいくつかの不都合を抱えていた。

第一に、よい「学校、資格、企業」を得られるのは一部の人々であって、多くは競争で排除される。これを、社会からの排除とするわけにはいかない。排除される人々に対応する別の社会制度が必要となる。むしろこちらが教育制度の中心的課題となるはずである。また、このような仕組みが広く知られ、一般の人々にとって「幻想」であることが明らかになれば、最初から競争に参加しないという人々が出てくる。

第二に、人間を相手とする教育は、モノを対象として加工する場合とは異なって、目的にかなう「人材」をつくるわけではないし、つくれるわけでもない。教育は人格の尊厳を基盤とし、その成長や能力伸長に寄与する営みであるのに対して、人間を外部からの操作で加工することは、人格としての人間性を損ねることを意味するからである。また、強いられても、外部の目論見通りにならないのが、人格としての人間である。

第三に、「学力」は職業を適正に配分する基準とはなりえない。一般的な「学力」というものが人間の属性として存在し、それによってあらゆる職業への適性が判定できる、またその「学力」に応じて職業が配分されることが、社会の公正・公平の実現であるとするのは、まったくの「幻想」である。じっさいに、人物の社会的評価の基準となりうるとされた「学力」は、産業界の都合に合わせてたびたび「改革」されながら、行き詰まってその不都合が露呈する。そのつど新たな「学力」が説かれるが、これが繰り返されるたびに教育は振り回され、ついに職業能力育成に役立たない学問は無価値とされるに至る。

「人材育成教育」は、これらの諸問題が露呈しても、なお「改良」の余地があるかのように信じられ、平然と継続される。この機能不全、幻想性を、マルクス『資本論』第3巻に残された「労働の同一視」と「擬制資本」とを手がかりに、その根源から解明したい。

４．労働の二分化を疑う

　高賃金の労働者と低賃金の労働者との格差が問題となっている。しかし、そこでは、格差の行き過ぎが問題とされるのであって、「労働の価値」が「人材」によって異なることに疑いが持たれることはまれであろう。しかし、根源をたどれば、労働が二分化するのではなく、異なる「労働」が同一視され、その結果、労働が二分化するように現れる、ということなのである。

　たとえば、労働者の「労働」と企業資本家の「労働」とがいったん同一視され、その結果労働が二分化するように現れる。マルクスは、「利子と企業者利得とへの利潤の質的分割」というところで、「企業資本家の労働」について、おおよそ次のように述べている。

　　企業資本家と所有者としての資本家とが分離されて対立すると、経営者として生産過程を統率する資本家は、賃金労働者と同じく労働するものであるように現れる。もちろんその「労働」は、労働の監督に対する賃銀であり、普通の労働者の賃金よりも高い賃銀である。それは、複雑労働であり、自分自身に払うのだから。彼の資本家としての機能が不払い労働の生産にあることは忘れられ、搾取する労働も、搾取される労働も、どちらも労働としては同じだ、ということになる。

　　　　　　（『資本論』第３巻　普及版原書393 〜 396頁から。引用文は大月書店版）

　もちろん、この監督賃金も、他のすべての賃金と同様に一定の水準と一定の市場価格を見いだすようになり、また、独自な訓練を受ける労働力の生産費を低下させるような一般的な発展につれ、すべての技能労働賃金と同様に、ますます下がる（同書402頁）。

　とはいえ、この労働の同一視は、高賃金をもたらす監督労働に与（くみ）する労働と一般の賃金労働との分化として現れ、労働者のなかに、この観念にとらわれ、「高賃金」を求める動きも出現する。しかし、高賃金の源泉は、資本の剰余価値であり、その一部分が「搾取する」資本家に与する労働者に対して

インセンティブ狙いで気まぐれに（規定根拠を欠くまま）報償として分与されるのである。

　同様に、個別資本が新技術・新商品・新市場・新原料・新環境などによって獲得する「特別利潤」もまた企業資本家の「労働」によるものとされ、その一部が特異な労働者に分与される[1]ことで、「二分化」が加速される。

　こんにち、「起業家」「創業者」「ニュービジネス」に誘導される若者が少なくない。「働くこと」は同じとしても、「能力」のある者が最大の努力によって「高度な」労働を行い、それに応じた報酬、すなわち「並の」労働と比べて高い報酬をえるのは当然のこと、と考えられている。こうして、「労働の価値」には差異があって、高度な技術・専門性を要する労働は、高報酬を得られる、またそうした技術・専門性は教育によって身につけられる、さらにそれらは雇用前に職場外の教育機関で習得しておくべきである、そうでない普通の労働・単純な労働では最低水準の賃金しかえられない、ということになる[2]。

　そこで「よい学校、よい資格」が志向され、幼少期からの受験競争が過熱する。学歴や資格の取得のために「教育市場」に費やす費用が実際に得られる恩恵に見合ったものかどうかは、事前には容易に予測しうるものではなく、おおむね過大な期待によることになる。加えて、せっかく手にした技術や資格も経済外の妨げがない限り、一定期限のうちにその希少価値が解消される。それでもなお、「市場化された教育」に対する過剰な期待と幻想がある。

　これに呼応して、たとえば「自由な競争」を強いられる大学は、良好な就職実績を誇示して学生を募集し選抜し、企業から優良と認定されるような「人材」をつくり出す。また、高校以下の各種の学校が、この大学を頂点とするピラミッド型の受験秩序に依拠することで安泰となる。

　こうして形成される「高学歴層」のなかから、企業資本家の「搾取する労働」を担う者も現れるが、彼らもたえずその場に生き残るための苛酷な競争にさらされる。というのは、「搾取する労働」を担う者は多くを要しないのである。また、資本の論理は、「高度な労働」と「単純労働」との二分化を基礎にしながら、同時にあらゆる労働の「単純化」による利潤拡大を競うのである。

　こうして、人々は、高賃金の「労働」に誘われながら、つねにその価値低下に脅かされ、また、起業・イノベーションを夢見ながら、少数の奇跡的な勝利者を除いてご用済みとなる。すなわち、労働の二分化とその解消の繰り返しに翻弄され、物のように消費される。いったい、いかなる理由で、このような事態が継続されるのか。

　また、不本意ながら最低限の賃金で労働しつつ、それでも身の程に合ったこととして現実を受け入れている若者も少なくない。彼らは、いま以上に自分の能力を発揮してみようという意欲が足りないことも自覚している。これは、いかなる事情によってなのか。

　本論文の結論をあらかじめ述べるなら、上記の「労働二分化論」に、次の「擬制資本」という「観念」が荷担しているのである。

　一般に、労働者の収入は、現実の労働関係を基盤として、労働力の再生産費用すなわち労働者の生活費用に収束するものとして規定される。これに対して、次に見る「擬制資本」という「観念」では、まず高度な仕事を行う「人材」はそれ自身が高い「資本価値」（擬制資本価格）をもつのであって、それが源泉となって、高報酬がもたらされる、ということになる。

5．擬制資本（Fiktives Kapital）の呪縛

　「擬制資本」は、『資本論』で多義的に用いられているが、ここでは、「確定した規則的な貨幣収入は、それが資本から生ずるものであろうとなかろうと、すべて資本の利子として現れることになる」（『資本論』第 3 巻　原書 482 頁）という意味に限定する。

　すなわち、まず一定の定期的な貨幣「収入」があるとすれば、その収入が「何か」の「利子」とみなされ、次にその「利子」の源泉となる「何か」が資本として見いだされる。こうして、その「利子」の元金としてみなされる「何か」を「擬制資本」と呼ぶのである。

　たとえば、一般的利子率が年 5 ％のときに、100 万円の「利子生み資本」なら、年 5 万円の利子を生む。これは、現実的な「利子生み資本」の話であ

って、擬制資本ではない。これに対して、同じ状況下で、たとえば年収5万円の源泉は、それがどのような源泉であっても（土地所有でも、株式所有でも）「100万円の資本」と見なされることになる。ここでは、収入額から逆算されて（資本還元されて）その源泉の価格が見いだされている。ただし、この源泉を「資本」とみなすのは、「純粋に幻想的な観念」であり、そういうものでしかない。そこで「擬制資本」と呼ぶのである[3]。

　このようなマルクスの指摘は、もちろん種々の証券や土地売買をめぐる投機に狂奔する現代資本主義の分析に不可欠の視点であるが、ここでは、労働力さえも「擬制資本」として「資本価格」をもつ、とされることを考える。

　ところが労働力は、証券や土地のように直接的に「資本還元」され擬制資本となるわけではない。マルクスも、いったんは「たとえば1年間の労賃が50ポンドで利子率が5％だとすれば、1年間の労働力は1000ポンドという資本に等しいとみなされる」としたうえで、「資本家的な考え方の狂気の沙汰はここでその頂点に達する」とする。そして、この考え方を妨げる理由を二つあげている。「労働者はこの利子を手に入れるためには労働しなければならない」、また「労働者は自分の労働力の資本価値を譲渡によって換金することはできない」（『第3巻』第29章483頁）。

　しかし、ここではあくまでも労働する人間の側が持たされる「観念」としてのことなのであって、重要なのは計算方法ではない。「資本の価値増殖を労働力の搾取から説明するのではなく、逆に、労働力の生産性が、労働力自身がこの利子生み資本という不可思議なものだということから説明される」ということが問題なのである。そこで、この先の擬制資本は、マルクスの擬制資本を拡張しなければならない。すなわち、その「資本還元」の意味を、労働者を「現実の労働関係によって規定される存在」から抽出し、たんなる経済的存在者へと仕上げること、としよう。それによって、次のような「観念」が生まれることが明らかになるのである。各々の資本の大きさに応じて定期的収入が生まれるのであって、それゆえにその収入額は一般の労働力としての価値規定とは異なる、と[4]。

　こうして、労働力さえも「擬制資本」＝「資本価値をもつもの」として処理しうる、という「観念」が受け入れられれば、人々はまず各人の「資本価

格」（擬制資本）を想定する。そしてその大きさによって自らの賃金（利子）が自ずと規定される、と思い込む。このような擬制資本という「観念」にすっかり支配されてしまうのである。加えて、労働者が、機械設備と同様の存在として労働力という資本＝生産手段を財産としてもつとされるならば、もはや無産者ではなく、無産者階級もその階級意識も解消されることになる。

　擬制資本に覆われた世界では、資本自身が商品として売買され、剰余価値の概念は消えている。人々の所得は、何らかの「資本」がそれ自身に生む「利子」として現れる。「資本」は、その大きさに応じてその利子を生み、土地所有は地代を生み、労働者も企業者もそれぞれの労働に応じて賃金を得る。このように、資本を含めて一切が商品という物の姿で現れ、人間関係は、物の関係を通してのみ成立する、とみなされる。もちろん、このように物化がその頂点に達しても、現実には「労働者はこの利子をえるために労働しなければならない」し、高報酬もいつの間にか切り詰められている。労働者は、現実には資本の支配下にあって労働を通して生活を維持しているのである。そうであっても、擬制資本としては、その社会関係から切り離されて「評価」され、その所得は全く個人的な「資本価値」から生まれる「利子」として現れる。そうして、彼の関心は、いかにその「資本価値」を高めるかとなり、自らがなしえない場合にはその子どもたちに希望を託すことになる。

　ところが、教育市場、労働市場において「自由で公正な」競争の機会が与えられているはずなのに、栄光がえられるのは奇蹟でしかない。それでも、いま一歩の努力と運が不足したのだ、と思えば諦めがつく。彼と彼の子どもたちの不運は、全く個人的な私的な出来事であり、社会制度の問題ではないとされているのである。しかも、現実の不幸を慰め紛らわせる種々の快楽まで資本は用意している。それが資本のやり方だと気づいても、いまさらそのような社会関係、資本関係の話を聞くのは、面倒で不愉快なことでしかない。また、擬制資本の観念に取り憑かれた労働者は、いったん選び取った観念に沿う生き方を途中で妨げるような社会変動を望まない。擬制資本観念の蔓延と社会の保守化は連動するのである。これは、社会的流動性が乏しい時代を過ごす若者たちにも当てはまる[5]。

　しかし、金と資本を崇めるこの物神崇拝は、個人が社会関係から疎外され

て孤立し、自らの「資本価値」以外に関心がなくなったというときに取り憑くのである。

　それゆえに、人々が自らの生活世界を構成する具体的な社会関係に向き合い、自分の隣にまったく同じ境遇にある同胞を見い出だしうるときには、その社会関係を改善し孤立化を克服する道をともに模索することもできる。じじつ、株主は株を所有するだけで配当を得られるのに、労働者は働かなければ所得を得られない。労働者の擬制資本の「観念」は、現実に裏切られるのである。労働者がこの現実を正面から捉え「観念」を再逆転しその呪縛を解こうとするときに支えとなるのが、資本関係を解明する「資本の論理」なのである。

６．浮揚する「道徳」と消えゆく「社会」

　あまり注目されないが、小中学校で「道徳」が「特別な教科」に昇格するのに続いて、まもなく高校の教科・科目から「社会」の名称がすべて抹消される[6]。

　戦後、一貫して道徳教育と緊張関係にあったのが、「社会科」であった。しかし、その社会科も、具体的な倫理性から分離された「科学的」知識を客観的なものとして身につけさせることに重点を置いてきたことで、結果として自らの可能性を狭めてきた。

　発足間のない頃の社会科は、知的なものと道徳とが分かちがたく結びついているという前提で、「人間のくらしをよくするためにはどうすればいいかを考える教科」として、「何をよいとするか」という問いと「どうしたらいいか」という問いとを結びつけようとした。徳目主義でも知識偏重でもなかったのである。しかし、「科学」重視の立場からは、「態度主義」という批判、また産業界からは、「人材育成に非効率的」「学力の低下」と批判を受け、以来、社会科においても、科学や知識体系の伝達が主流となった。

　高度経済成長の光と闇を経て、成長の限界が一定程度知られても、なお「人への投資」そのものは見直されないどころか、「心」までが操作の対象とさ

れたり、投資の対象とされたりしている。

　教育では、「人生をいかに生きるか」という問いと「人が生きる世界や社会とは何か」という問いとが連動したときに、社会認識や自然認識の的確さが求められ、同時に倫理性の深まりと広がりが追究される。しかし、実際にこれが自覚的に図られてきたとは言い難い。むしろ、人材育成教育が、人間存在をたんなる経済的担い手に還元し、その価値を数値で表記しうる存在とすることを優先し、人間の擬制資本化に荷担した。そのとき、現実の社会関係が欠落し、社会そのものが市場化に蝕まれている。倫理性は、ほんらいその社会関係において人間同士のあいだに成立するのであって、その欠落は現実的な倫理性の消去であり、同時に精神的「孤立化」を意味する。こうして、「道徳」の過剰性は、この欠落部分を外部から補填するという、無茶で厄介な役割をもたされたことの現れなのである。

　誤解のないように付記する。本論文は、職業のための教育を否定しない。むしろ、職業能力を身につける教育は万人に保障されねばならないとする。道徳についても、現実生活に根ざして形成された道徳性が高められることが保障されねばならない。人間は社会にあってその能力を伸ばす存在であり、そのことによって直接的に社会的存在でありうる。しかし、いまやその人間が、具体的な社会関係から切り離され、モノとして扱われるのも止むなしとする、特異なイデオロギーに慣らされている、と指摘せざるをえないのである。

　とはいえ、教育現場は、資本の要求やときの政府の都合によって一方的に振り回されているだけ、というわけではない。日々の教育は、ただ子どもたちが心身ともに健やかに育つようにとの思いで実践されている。これがいかなる事情で歪んでしまうかを明らかにすることが、教育学、政治学そして経済学の責務であろう。

【注】

　（1）資本にとっては、高賃金労働者の調達費用は、新技術・新設備などの導入費用と同様である。もっとも、労働者の高度な技術の習得が就労前に外部で済ませてあれば（その負担が社会であろうが家庭であろうが）好都合である。

そして、新技術の普及によってこの個別資本の特別利潤が解消するに伴って、この設備同様にこの技術も優位性を失い、高賃金労働は単純労働に収束する。

(2) たとえば、生涯賃金の学歴別格差が説かれる。高等学校卒業者が 2 億 5000 万円、大学卒業者が 3 億円等ともいわれる。同様の見込み数値は、若年時の死亡保障に使用されることもあるが、より深刻なことに、この格差に対応して、「人材への投資効果」が真顔で計算される。おおよそ、大学卒業に要する費用は、4 年間で 900 〜 1200 万円と見られる（国公立か私立か、自宅通学か下宿かによって異なる）。これに大学入学までの塾や予備校の費用が加わる。さらに、個人の負担でなく、社会的費用として公的資金が費やされる。こうした「投資とその効果との比較」が、あらゆる階級・階層に滲透するだけでなく、同様の試みが、他の資格・技術の習得についても行われる。このような比較がどれだけ有効かは不明確であるにもかかわらず、「人への投資」が過剰に煽られ、「手遅れにならないように」と急かされる。

(3) マルクスは、「こうして、資本の現実の価値増殖過程との一切の関連は最後の痕跡に至るまで消え去って、自分自身によって自分を価値増殖する自動体としての資本の観念が固められる」とする。そして、国債や株式などの所有権が、「その価格が独特な運動をし独特な定まり方をする商品になる」とし、「この証券の市場価値はある程度まで投機的である」と指摘している（同 484 頁）。

(4) その擬制資本価格は、その構成要素（人材育成費用）の総額に対応するものとして想定される。しかし、その構成要素の取引は長い年月を要し費用・効果の確認が不明瞭であって市場機構は実質的には機能しない。また、この擬制資本の売買市場が成り立つわけでもない。この観念で、人間の価値が年収や生涯賃金を尺度に比べられたり、人への投資が他のモノ・サービスへの投資と比較されるのである。

(5) 人間の擬制資本化は、人間自身をモノと化し、商品としての資本に擬することである。自分自身を現実的な社会関係から抽象し孤立化させ資本の論理に隷属させる。そこから生まれる不安が、いっそう資本への依存を深めたり、小共同体や疑似共同体に安直にすがりつかせたりする。若者に浸透する保守化を擬制資本化の増長という観点からとらえることも必要である。

(6)「社会」という言葉は、明治初期に society の翻訳語として生まれたが、そのときの日本には、自立した「個人」もその集まりとしての society も実態として存在しなかった。しかもその後、「個人」とともに、迫害の歴史をたどった。戦後の一時期には脚光を浴び、やがて人権思想とともにその実態もある程度定着したが、いま公的には言葉として消去されつつある。

第5章　現代的不平等の起源
… 人間の「価値」は計れるのか …

1．現代的不平等とは

　大学入試における英語の民間試験に関して、文科相の「自分の身の丈に合わせて、頑張ってもらえれば」という発言が、所得の多い家庭の子どもの方が、よりよい教育を受けられるという現状を容認するものだ、と批判され撤回された。しかし、この民間試験の撤廃だけでなく、教育格差の是正策を追加しても、社会的公正は実現しない。それは、政策の不足からではなく、むしろ教育格差の是正を求めることが、「よりよい教育を受けること」の「価値」をいっそう高め、結果として「社会格差」の正当性を補強するからである。

　たしかに、所得の少ない家庭の子どもも、よい教育を受ければ社会的栄達を遂げる。しかし、そのわずかな成功例が教育への過剰な依存と幻想とに誘導する。この「教育神話」の増長で、「よい教育」を受けない者が低収入になるのは当然である、と合理化される。

　日本の「常識」では、どのような教育を受けたか、どのような資格・技術を身につけたか、どのような企業に就職したかなど、各人の「身の丈」に応じて生涯の収入が定まる。もちろん、皆がよい教育を受け皆が高収入者となることが不可能であること、また「均等な競争条件」の実現が不可能であることも知りつつ、「格差の縮小」が唱和され、すでに一定の社会的地位を得ている者は胸をなで下ろしている。

　しかし世界各国が、経済格差の拡大と議会政治の自壊とで混迷を深めているなかで、日本だけが例外だと自賛できるのか。上記の事態のなかで、「高収益」や「経済発展」から取り残された大衆の鬱積したエネルギーが出口を失っている。それはどこに向かうのか。

　そこで、あらためて問おう。収入に関する「現代的不平等」の起源は何か。

そしてまたこの不平等は、自然法（人間の本性に基づく普遍的規範）によって容認されるのか。ただし、自然法を想定しない人のために、後半の問いは次のように言い換えられてよい。すなわち、この不平等はどのように正当化され容認されているのか。

さて、現代的不平等とはなにか。現代社会では、人権意識が高まって、社会から忘れ去られがちな種々のマイノリティーへの差別問題に関心が集まる。これらは互いに競合する課題ではなく、共通の社会的課題となりうるのであろう。ところが、社会存立の根幹に関わるような不平等問題が、無意識のうちにあるいは意図的に避けられている。それは、資本家と労働者との差別の問題ではない。ここでは、19世紀以来、資本家と労働者との階級闘争として流血を伴って露呈した「近代的不平等」から区別して、20世紀後半から顕在化した「労働者間の階層的不平等」を「現代的不平等」として取り上げる。この不平等が常態化すれば、労働者階級は分断され、団結は困難となる。ただし、「資本の論理」はこの不平等を生む契機とともに、その不平等を解消する規制をも備えている。本論文は、このことを『資本論』第3巻に断片的に残された「擬制資本」の論理を拡張することを通じて解き明かすことを試みる。

2. 『第3巻』と擬制資本

『資本論』第1巻、第2巻では、資本主義社会において、個々の産業資本が利潤の最大化をめざしながら、それぞれが需要するものを互いに供給し合うことで、年々の再生産が継続されることが示された。しかし同時に、その成立のための根本的な条件が、労働力の商品化であって、資本が労働者の労働力を買い実際に労働させて、その剰余部分をえて利潤とする、という関係が資本全体と労働者全体とでいかに繰り返されるかということも明らかにされた。

第3巻では、この剰余労働（剰余価値）を産業資本家どうしで、また土地所有者、商業資本、貸付資本などとの間で、どのように分かち合うのか、が

解明される。そしてマルクスは、その剰余価値の分配を通して、資本自身の運動がどのように規制されるのかを解くとともに、さらに資本家たちがどのような「観念」に取り憑かれるのか、という課題にも取り組んだのであるが、その結末は未確定のままである[1]。

　第3巻末尾の第7編第48章では、「三位一体定式」が批判される。この定式は、富の源泉とその果実との関係を、資本－利子、土地－地代、労働－労賃とする。そこでは、各々の源泉から生まれる果実が対等な立場で合意のうえで交換されるものとされ、もはや剰余労働を生み出す労働者の汗と血のにおいは消し去られている。マルクスは、古典派経済学がこの定式の「外観と欺瞞」を解消させながらもまだそれに囚われ、中途半端や矛盾に陥っている、としたうえで、「他方では、現実の生産当事者 productionsagenten たちがこの資本－利子、土地－地代、労働－労賃という疎外された不合理な形態ではまったくわが家にいるような心安さをおぼえるのも、やはり当然のことである」と述べている（普及版原書838頁）。そして「なぜならば、まさにこれこそは、彼等がそのなかで動きまわっており毎日かかわりあっている外観の姿だからである」と、その理由を加えるのであるが、この「生産当事者」のなかから労働者が除外されているとは考えにくい。

　なぜ労働者までもが心安さをおぼえるのか。これに関する記述は、この前後には見当たらない。この欠落部分は、第3巻における「資本の論理」の整序を通して補われなければならない。

　マルクスは、この三位一体定式では「資本主義的生産様式の神秘化、社会的諸関係の物化、物質的生産諸関係とその歴史的社会的規定性との直接的癒着が完成されている。それは魔法にかけられ転倒され逆立ちした世界である」という（同原書838頁）。

　「転倒」「逆立ち」とは何か。たとえば社会関係が物の姿で現れる[2]。金（きん）は他の商品との関係においてその価値が認められるのに、あたかも金がその属性として価値をもつように現れる。それと同様に、資本はその属性として自ずと増殖して利子を生み、また、土地も労働力も、それぞれ互いの関係から独立して、地代や賃金を生むという外観である。ここでは、現実の社会関係からそれぞれの収入が規定されるのではなく、転倒され、現実の

収入からその源泉の価額の大きさが想定されることになるのである。

　じっさいに労働者の収入は、さまざまな理由によって、それぞれ異なる。これが逆転され粉飾される。労働者の収入が異なるのは、それぞれの労働者の持ち合わせる「資質」の大きさが異なるからであって、社会関係（資本関係）によるのではない、とされるのである。とくに高額の報酬を受けとる労働者のなかには、自らを他の一般的労働者から区別して、高額の報酬を受けるにふさわしい存在である、という意識をもつ者も生まれる。すなわち、自分は高収入の源泉としての「資質」をもつがゆえに高収入をえられて当然である、という観念である。これは必然的に、高収入の源泉をもたない労働者が最低限の収入となるのは当然である、という観念を生む。そればかりではない。この観念にのみ込まれた労働者のなかには、低収入の理由を自分個人の責任とする諦観が生まれる。

　ここでは、高賃金が、それを得る人間の属性であるかように考えられている。すなわち、ある人間に定期的収入がもたらされるときに、その収入の源泉となる「何か」をその人間が属性としてもつと考えるわけである。そうすると、その「何か」を源泉（元金）とし、その収入を果実（利子）とみることになり、その「何か」を「資本」とみなすことになる。

　じつはこのような「資本」を、マルクスは第3巻第5編で、「擬制資本」と名づけている。すなわち、「確定した規則的な貨幣収入は、それが資本から生ずるものであろうとなかろうと、すべて資本の利子として現れることになる」（原書482頁）とした。この「擬制資本」という概念は、種々の証券や土地などの売買をめぐる投機の問題を解明する手がかりとなる。ところが、この労働力の擬制資本化については、現実化しないとしている。本論文は、このマルクスの擬制資本論をあえて拡張し「観念として」捉えるのである。

　マルクスは、労働力の擬制資本化について、いったん「たとえば1年間の労賃が50ポンドで利子率が5％だとすれば、1年間の労働力は1000ポンドという資本に等しいとみなされる」としたうえで、「資本家的な考え方の狂気の沙汰はここでその頂点に達する」とした。そして、その理由として、①「労働者はこの利子を手に入れるためには労働しなければならない」、また②「労働者は自分の労働力の資本価値を譲渡によって換金することはできな

い」とした。じっさいには、労働力の擬制資本化は、マルクスの想像を超えて「観念として」広範囲に展開するのであるが、これらの指摘は、擬制資本化の限界を別の新たな意味でみごとに捉えていたのである [3]。

　ここでは、一部の労働者の賃金が労働力の再生産費用すなわち生活費用に収束していないということを、いわゆる「資本の論理」からの逸脱を、擬制資本化との関連から捉えなければならない。すなわち、高賃金と低賃金とへの「労働の二分化」として現れる事態の根源は何か、いいかえれば高賃金の源泉とは何か、が解明されなければならない。ただし、あくまでも資本の支配下にある労働が考察の対象となる。そこでこの課題を、まず資本の擬制資本化に伴う「資本家活動の労働化」という面から捉え、次にこれを専門的・技術的労働の高報酬という面から考察してみよう。

3．資本家活動の労働化

　第3巻第5編「利子と企業者利得とへの利潤の分裂」は、論理が錯綜しとにかく難解であるため [4]、本論文では、上述の課題に即して論点を次のように整理する。

　資本の再生産過程に生まれる遊休貨幣が、一時的にでも他の産業資本の追加投資のために資金として貸し付けられれば、その産業資本の剰余価値を増加させ、その一部が利子に充てられる。そして、一定期限後に元金の還流とともに一定の利子が貸し付けた資本に支払われることになる。実際には、銀行資本が介在するのであって、貸し付ける側の資本は、この利子の現実的源泉に関心はない。貸付の証書 [5] をただ所有するだけで、一般的利子率を反映してあらかじめ定められた利子額が得られるのである。

　さて、ここで問題となるのは遊休貨幣でなく、資本本体の前貸資本額（投下資金額）である。上記の遊休貨幣を融通しあう貨幣市場が発達していて、資金をもつ者が望めばそれを貸し付けうるという条件が十分に整っているならば、資金を活用しようとする者としては、運動体としての資本に投下している資金の総額を、かりに貸し付けに充当した場合にそれが源泉となって生

まれる果実の大きさ（利子）を想定しうる。その際には、貸付先がいかに価値増殖するかに関わりなく、貸付証書をただ所有するだけで「利子」が得られる、としている。これに対して、運動体としての資本を機能させる資本家（企業者）としては、利潤を得るための、とくに搾取のための「努力」を要するのであって、その仕事は「冗職」ではない。そこで、その利子額を、運動体としての資本全体が生み出す利潤から差し引いた残額部分については、資本家（企業者）が自らの活動によって生み出した利得（企業者利得）である、とするのである。

　したがって、資本家の観念としては、資本の利潤は、資本の利子と企業者利得とに分裂する。これは、投下資金が自己資金であっても借入資金であっても同じことである。なお、この企業者の「労働」は、たとえ一定の有用な仕事であったとしても、それ自身は価値を形成するものではない（宇野弘蔵『経済原論』219 頁）が、この「労働」は複雑労働であり、自分自身に払うのだから、普通の労働者の賃金よりも高くなる（第 3 巻 393 頁）。

　こうして、労働と資本との対立よりも、労働と貸付資本（利子生み資本）との対立のほうが目立つようにされることで、企業者が労働者を監督し搾取する過程もたんなる労働過程として現れる。「搾取する労働も、搾取される労働も、どちらも労働としては同じだ」ということになる（原書 396 頁）。そして、賃金労働者のなかにも、このような「労働」の一端を担う者も現れる。もちろん資本家的「労働」に加担させるために、その賃金は一般労働者の賃金を上回る。ただし、その超過分の源泉は可変資本（労働力の価値）ではなく、企業者利得からの分与であり、それを上限とする以外にその超過額を規定する根拠はない。資本家的「労働」は価値を生むものではなく、一般的労働力のような価値規定を受けないのである。市場における若干の変動を伴いつつ、インセンティブを高める程度の大きさが資本の気まぐれで分与される。

　こうして、異なる「労働」が同一視されることによって、「労働の二分化」が現れる。高報酬に見合う「労働」と最低限の生活費用で雇用された者が行なう「労働」とへの分裂である。そしてこれが物化されて、高報酬を生む価値の高い「人材」と低賃金で調達しうる「人材」とへの分裂となる。

　しかし、一般の労働者から隔絶され高報酬の「労働」を行う者も、その高

報酬の規定根拠が欠けるだけでなく、要求される労働量、労働の質も無規定であり、ときには成果としてのイノベーション創出などを求められ、心身ともに追い詰められて過剰に自己搾取せざるをえなくなる。しかも、たえず賃金切下げの不安におびえ、その場に生き残るための競争にさらされる。というのは、搾取する「労働」は多くを要しない。資本としてはその費用を小さくすれば直接的に利潤を減らさずに済むのである。高報酬の労働者は、不安と焦燥、妬みと裏切りの世界に置かれる。

　このように、資本に与する一部の労働者の活動が、高報酬の「労働」として現れるが、この高報酬と労働力の価値との差額（超過分）は、もともと資本が労働者から獲得した剰余価値の一部分である。このことが忘れられたうえで、搾取される労働と搾取する「労働」とが同質化され、その大きさのみが異なるという装いで、不平等が正当化されるのである。

4.　専門的・技術的労働への高報酬

　労働者の高報酬は、資本家的活動を担う場合だけではない。資本の支配下にある労働には、少数者のみが行いうる希少な労働（専門的技術的労働）と、だれでも行いうる労働（単純労働）とがある[6]。それらの「価格」には当然のこととして差があって、しかもその差はいっそう拡大していくように思われている。この差の現れをどう捉えるか。

　新しい生産方法や新しい商品の開発によって、個別資本が他資本よりも優位に立ち特別利潤[7]を獲得するときに、その新技術の導入に伴って必要とされる専門的技術的労働を担う労働者に対して、高報酬が分与されることがある。そのような労働者を労働市場で確保するためである。また、その専門的技術的労働のための訓練・教育が必要となれば、その費用を剰余価値から分与する。労働者の訓練・教育がこの個別資本の外部で済ませてあるなら、当初から高報酬を支払うに値するであろう。ここでは、マルクスの想定を超えて、「商品化された教育」をも捉えなければならない[8]。

　たとえば、一般的な労働力の年価格が250万の時、ある専門的技術的労働

力の年価格が 300 万ならば、超過分は年 50 万である。一般的利子率が 5 ％のときに、50 万の利子を生む貸付資本の元金は 1000 万と評価される。いったんこれを労働力価値の超過分が「擬制資本化」された価格としておく。たしかに、マルクスがいうように、これは譲渡・換金はできないが、その擬制資本価格は、労働者が貨幣を支払ってこの専門的技術的労働力を身につけようとするときの目処となる。資本がこの専門的技術的労働を必要とし年価格 300 万で雇用しそれを消費するというなら、その労働者は、1000 万の証券を所有することでえられる利子に等しい超過収入 50 万を得ることになるからである。労働者が総額 1000 万の費用でその専門的技術的労働力を得たというなら、その有効期間が 20 年に及ぶときに、超過収入総額（50 万× 20 年）と習得費用とが見合うことになる。

　資本が、一般的労働者に 1000 万の費用でこの専門的技術的労働力を習得させようとする場合には、その専門的技術的労働力によって得られる利潤超過の有効期間が 20 年間に及ぶときに、その総額が 50 万× 20 年となって、習得費用と超過総額とが見合うことになる。この習得費用は資本の利潤、とりわけ新技術の導入に伴う特別利潤から支出され、基本的には労働者に一般的労働者の賃金が支払われる。専門的技術そのものはこの労働者に属しながらも、それが実現する労働過程は資本の支配下にあるのである。ただし、この労働者は他の資本からその専門的技術的労働力を評価され雇用されれば、年 50 万の超過賃金を支払われうる。つまり途中で離職し他資本に雇用されうるのである。

　見方を変えれば、この専門的・技術的労働力を習得した労働者を外部から雇用する場合には、その習得費用 1000 万の支出を免れ、その金額を他に貸し付けた場合に得られる利子の 50 万を（一般的利子率が変わらないとして）この労働者への超過賃金として 20 年間支出しうるわけである。

　なお、この専門的技術的労働への高報酬は、個別資本の特別利潤を源泉としているのであって、総資本との関連を見るなら、一定期限のうちに解消される。すなわち、高利潤を目指して他の資本が同様の新生産方法を採用したり、新商品の生産に参入したりするため、この個別資本の利潤量が低下し利潤率も平均化するのである [9]。また、高報酬の専門的技術的労働を目指す

者の数も増加し、その希少性も解消され、報酬も一般的労働者の賃金に近づくことになる。

　さて、この専門的技術的労働力を労働者が所有する「資本」とりわけ生産手段とみなすことはできるであろうか。そうなれば、資産家が金融資産を投資にまわし、地主が土地を提供し、それらを敏腕の経営家が巧みな投資技術によって運用することに対応して、労働者が所有する大小の「生産手段」を発揮する、ということになる。「汗と血のにおいのない」効率的で公正な取引が行われる「市場社会」というユートピアが実現する。

　しかし、これを妨げる事情がある。まず、労働者の専門性技術性という「生産手段」は、労働者から切り離して売れる商品ではなく労働力に付随して売られ消費されるのであって、労働者が資本の支配下に入りその労働力が消費されるにともなってその使用価値が実現するのである（マルクスの指摘①の拡張）。

　また、譲渡・換金ができない、ということの意味は広がりをもつ。国債や各種の証券などの擬制資本の場合には、期限になれば利子とともに元金が還流することになっているが、擬制資本としての労働力の価値は、たんに消滅するだけである（マルクスの指摘②の拡張）。国債や証券などは期限があっても、換金したのちにそれを相続させることができる。また期限のない土地や株式などはそのまま相続させることもできる。しかし、擬制資本としての労働力の場合は、有効期限の経過とともにあるいは労働力そのものの消滅とともにその価値も消滅するのである [10]。

　要するに、専門性・技術の高報酬は、特別利潤の解消とともに解消される。また、その専門性・技術を金を払って身につけることはことはできても、労働力自体から切り離してそれを譲渡したり換金したりすることはできない。

　このように、身を削って専門的技術を獲得しても、資本の都合で無駄に廃棄される。高報酬に誘い出され奔走させられモノのように扱われる。しかも、これらの過程が、労働者が自らの意思で自由に選んだ道だとされるのである。すなわち、専門性・技術は、能力と意思と努力がそろえば獲得できるのであるから、その機会が公平に与えられることは必要だが、結果としての不平等はその個人の責任にあって、社会の問題ではない、とされるのである。

５．擬制資本の呪縛からの解放

　以上、剰余価値あるいは特別剰余価値からの分与として、労働者の高収入が暫定的に部分的に発生し消失することを見てきた。しかし、大多数者を排除するこの制度が、その大多数者によっていかにして容認されているのか。また、そもそも人間を数値で評価する社会に疑問は起きないのか。特異なイデオロギーに人々が飲み込まれているように思える。

　マルクスは、金がその属性として価値をもつかのように崇められることを物神化（呪物崇拝）と捉えただけでなく、資本がその属性として価値増殖する、すなわち「それ自身で利子を生む」ものとして崇められることを「資本の物神化」と捉えた。そして、資本・土地・労働力が相互関係なしに、その属性によって独立して価値を生み、その成果が自由平等な市場で交換される、そのような考えをマルクスは俗流経済学と断じた。本論文はそれだけでなく「労働力の擬制資本化」を拡張し、労働力の価値規定から遊離した労働力価格がいかに発生し、またいかに消失しうるかを示した。

　ところが高報酬は、労働力の価値規定を越えてさらに拡張され「常識」化される。高報酬の根拠は、一定の資格、有名大学の学歴、先端企業の在職歴、また「学力」、「知能」、さらには「DNA」、「民族文化」にある、とまで拡張される。しかるべき人材で「ある」ことが、収入の大きさを規定するというなら、ある一定の収入の大きさを資本還元すれば、その収入の源泉となるその個人の「価値」の大きさを表すことになるのである。

　そして労働者の子どもたちまでが巻き込まれ、「よい学校、よい資格、良い企業」を目指した競争へと幼少期から急かされる[11]。「学力」に応じて「学歴」が配分され、その学歴に基づいて「職業」が配分され、結果として高報酬が得られることは社会的公正に適うこととされるのである。しかも、その競争が職業選択の自由、教育の自由のもとで行われるなら、目標が実現しない責任の所在は、その個人以外にはない、ということになる。

　ここでは、市場と競争によって教育や職業が適正に公正に配分される、という幻想が幾重にも重なっている。その幻想性に振り回され、労働者どうし

が競合し合うことにもなる。

　しかし、資本家と労働者との不平等が現実的な社会関係に基づくものであるのに対して、労働者間の不平等は、労働者が自分自身を一種の「資本」とみなす「資本家的観念」に取り込まれたことによる。労働者がその観念に取り憑かれ、相互に切り離され独立化＝孤立化したうえで、異なる大きさとして現れることから生まれる不平等にすぎない。しかも、資本の論理そのものが両者を労働力の価値としての大きさに帰一させようとする。

　そもそも平穏な日常生活においても、直接的生産過程においても、人々はそれぞれの個性を把握し容認しあって仕事を水平に分担するものである。ところが、そのような世界が資本に飲み込まれることによって、イデオロギー的な逆転が起きる。孤立化・均質化された人々がその大きさのみで比較され垂直に揃えられ秩序づけられるのである。こうして、収入の大きさを規定する社会関係が忘れられ、逆に実際の収入のそれぞれの大きさから、その収入の源泉の大きさが想定される。しかし、資本の支配という現実がある限り、いかにその痕跡が隠され市場機構で粉飾されても、その幻想性は露呈せざるをえない (12)。

　たしかにこの不平等は現代の資本主義社会に強固に根付き「常識」化している。しかもすでに高報酬を得ている者たちは、かつての同類が示していたような戸惑いも恥じらいもみせない。しかし、現実生活を通してこの幻想に倦み飽きて疲れた人々は、この不平等が過渡的な歴史的産物にすぎないと見抜くとともに、同じ体験と思いをもつ多くの同胞を傍らに見いだすことになる。そのときに、その労働者たちに寄り添うのが「資本の論理」である。

　この「常識」に対する疑義は、もちろん宗教などの唱える人間の平等に基づくものではない。ここでは、そのような文化的視点や資本主義の歴史的展開・国家政策などをいったん除外視して、ただ「資本の論理」に照らし、労働の差異の根拠を問うことから始めた。

　「資本の論理」は、いかに労働者の高報酬が部分的に暫定的に生み出され、またそれがいかに解消するのかを明らかにすることはできるが、高報酬を永続的に安定的に成立させたり、一般的に実現させたりするような根拠は示せない。むしろ、高報酬の源泉とされる「人材」を想定しそれを崇めるような

考えが歴史的に特異なイデオロギーであることを浮き彫りにする。高報酬の「現実の源泉」が剰余労働にあると明かしてしまうのである。

ルソーは、絶対王政末期の身分制社会に向き合って『人間不平等起源論』を著した。それは、懸賞問題「人々の間における不平等の起源は何であるか、それは自然法によって是認されるか」に応募し落選したもので、当時の「常識」からかけ離れていた。その結論部分で、不平等は自然状態ではほとんど無で、「人間の能力の発達と人間精神の進歩によって力を持つようになり、また増大してきて、さらに所有権と法律との制定によって安定し正当なものとみなされる」とし、「それは是認されるか」には、「人間が作り出す不平等は、たとえ人間が定める法によって容認されているとしても、自然的不平等（年齢・健康・体力の差、精神・魂の質の差）と釣り合いが保てないなら、自然法に反する」とした。

彼は、当時の支配者層からはもちろん、「開明的文化人」の世界からも孤立したが、その主張は死後まもなく勃発した大革命に大きな影響を及ぼした。時が変わったからではない。中世の身分秩序を越えた普遍的思想によって、「常識」という特異な歴史的イデオロギーに取り憑かれた人々が解放されたことで、時が変えられたのである。そしていまは、資本や擬制資本の呪縛をほどく普遍的理論が求められるのではないか。

【注】

(1) 第 2 巻草稿の最後は、1881 年頃。第 3 巻草稿は、それよりもはるか以前の 1863 〜 65 年であったことを考慮すれば、第 3 巻の再構成は必須のものとして後世の人々に委ねられたといえる。

(2) これは「資本の論理」に基づく規定であって、超歴史的・哲学的な規定ではない。

(3) 労働力の価値の超過部分を資本還元したものが労働力の擬制資本価格となる。それゆえにじっさいの労働に伴うことによって超過分が成立する。また、労働力の擬制資本は期日を過ぎる際に元本が換金されるのでなくたんに消失する。

(4)　マルクスは、利子論を再生産表式の外部に所与として貸付資本を想定することから始めた。宇野弘蔵はこれを批判し、資本の再生産過程に生まれる遊休資金が貸し付けられるものとして利子論を展開したが、もともと剰余価値を生産しない商業資本の資本家的活動が企業利潤の根源となる、という論理を産業資本にも適用するという展開は難解である。

(5)　この「貸付の証書」をただちに擬制資本とするのは、適切ではない。初出論文（『進歩と改革』2020. 3）を改めた。

(6)　人材派遣は、実体としての労働力を売買しその差益を手にする粗野な中間搾取である。当初は高度に専門的な職種に限定されたが、その後なし崩しにあらゆる職種に拡大され、また低賃金に収束する。労働力価値を超過する部分が資本還元されるが、超過分も擬制資本額も縮小していくのである。

(7)　新生産方法で生産費用を下げる。また新製品への需要による生産増で剰余労働量を拡大する。

(8)　教育市場の幻想性については、拙稿「教育の市場化と財政の腐蝕」（本書第1編第3章）を参照。

(9)　特別利潤の低下を抑制したり妨げるのが、特許、著作権である。他に政治力や独占なども。

(10)　労働者が相続させうるものを残すためには、労働力の価値以下の条件であってでも、また期限経過の後でも別途蓄積のため無理・無茶をすることになる。また、相続するものがなく、専門的技術の購入費用を前払いするために借入する労働者は、一般的利子率としては高めの借入利子率でこれを負担することになる。すなわち、定期的に支払わなければならない利子額を一般的利子率で資本還元してえられる擬制資本の数値には、もちろんマイナス記号が付けられる。

(11)　人材育成教育については、拙稿「道徳の過剰と人材育成の幻惑」（本書第1編第4章）を参照。

(12)　労働市場や教育の価値の幻想性については、拙稿「教育の市場化と資本の論理」（本書第1編第2章）を参照。

第6章　擬制資本に覆われた世界

1. 階級意識はどこへ

　こんにち、世界的規模で見たときにも、労働者の階級意識はたしかに希薄となっている。歴史的に、「階級」が激しく露出した近代社会においては、実在する諸階級に、その当事者としての生々しい階級意識がともなっていた。「自由と平等」を掲げた市民革命を経て「身分制度」は否定されても、「財産による支配」が強固に制度化され、「自由・平等」の権利は形式的なものにすぎなかったのである。そして、参政権を求める無産労働者には、「選挙権がほしいなら金持ちになればいい」という言葉が返された。

　そのなかで、俗流化した経済学は、資本家、地主、労働者の3階級の関係をたんなる商品関係に解消するものとして、三位一体論を説いた。すなわち、資本―利子、土地―地代、労働―労賃というように、それぞれの収入の源泉と収入とを結びつけ、無造作に並記したのである。マルクス『資本論』の末尾では、断片ながら、この三位一体論への批判が繰り返されている。

　歴史的には、その後、労働者数の増大とともに、その階級意識が形成され、また社会主義思想が広まって、参政権や労働基本権の獲得が労働者階級の共通目標となった。そして、19世紀末から20世紀初頭にかけて、その目標の一部が実現する国も現れ始めた。

　そのころ、資本主義が大量生産・大量消費の態勢へと展開し、生活様式や生活意識の平均化・画一化が進み、いわゆる「大衆社会」状況が生まれた。労働者のなかには「中流意識」をもつ者も現れた。また、参政権を得た労働者たちの意識は、労働立法や社会保障に収束された。そのなかで、労働者たちの階級としての意識は希薄化していった。

　やがて 1980 年代に、市場万能、規制緩和、民営化を掲げる新自由主義が逆襲を開始したときに、これに対抗しうる勢力は形成されていなかった。

　しかし、こんにち「自由を謳歌する資本」が世界を覆い尽くす事態となっ

て、あらためて「資本主義とは何か」を問う動きが始まっている。では、そ
れは、再び労働者たちの階級意識の高揚に結びつくのであろうか。また、そ
れが困難であるとするなら、その理由は何であろうか。もちろん、労働者の
団結を阻むような職場環境や政治的制約の問題も大きい。しかし、何よりも
労働者をはじめとする一般の人々の生活意識はどうなっているのか。

　たとえば、労働の「二分化」がいわれて久しい。こんにちでは「単純」労
働と「専門的・技術的」労働との「格差」が問題となっている。

　この格差について、格差は「生産力の増大」をもたらす技術の発展に伴う
現象であって避けようがない、あるいは新ビジネス創業者のもとで高度な仕
事をする者と時給単位で働く労働者とに違いが存在するのも合理性がある、
という考えがある。さらには、「働きに応じた」労働者間の格差を要求する
ような労働組合の動きまである。一般的に、これらは違和感なく容認されて
いる。いわゆる「唯物史観」も、何よりも生産力の向上を優先させるという
のであれば、これを容認することになりかねない。しかし、労働と資本との
関係が根源的に問われるならば、そして労働者自身の体験に即してこの格差
の意味が問われるならば、別の答えも出てくるはずである。

　また、富裕階級と貧民との資産格差が問題となってはいる。しかし、それ
は格差の「行き過ぎ」が問題とされているのであって、そもそも資産自身が
どのように富の増殖につながっているか、という疑問が起きているわけでも
ない。事実、わずかな財を貯蓄する労働者がその預金利子率が低いことに不
満をもつことはあっても、「利子」の源泉がなにかを考えずに、「経済成長」
のために大企業への減税策を労働者たちが支持することにもなる。

　こうした階級関係と階級意識（観念）とのズレをどのようにとらえるか。
それを解明する1つのカギが、『資本論』に残されている。

2．擬制資本とは

　第1巻、第3巻に「呪物崇拝（物神崇拝）」の問題が取り上げられている。
人々は「カネ」やそのもとと考える「資本」にとらわれ、それらを「神」の

ように崇める。そのときに、自らの生活を規定する現実的な社会関係は、「カ
ネ」にまつわる話を除けば、意識からいっさい消え去っている。たとえば、
新ビジネス起業で高収入を誇る「カリスマ」を崇拝する「信仰運動」に巻き
込まれ過剰な労働に駆り立てられて、その命を縮めるまで追い詰められる労
働者も現れる。また、このような「信仰」は、繁盛する資本から恩恵を受け
る階層だけでなく、搾取される労働者階級にまで一様に広がっている。さら
には、市場競争から排除された人々を、「神から見放された」と諦観させる
「信仰」にもなりうる。というのも、人々は、資本関係だけでなく現実の社
会関係からも切り離されるので、まったくの「個人」として孤立し思考の内
部まで取り憑かれてしまうのである。このような「物神崇拝」から解放され、
現実的な社会関係・資本関係に立ち戻りうる道は、どこにあるのか。

　宇野弘蔵が『資本論』から掘り起こした「擬制資本」は、もちろん各種の
証券や土地の売買をめぐる投機に奔走する現代資本主義の分析に不可欠の概
念であるが、同時に上述の「呪い」を解く道を拓くために有用なのである。
ところが、これまで「擬制資本」Fiktives Kapital はあまり注目されなかった。

　マルクスの擬制資本は、第3巻のあちこちで、いろいろな意味で用いられ、
しかも「擬制資本」とか「架空資本」とかに翻訳されたため、きわめて理解
されにくい概念であった。それでも、第5編第29章には、「擬制資本」に関
して一定のまとまりをもった記述があり、同様の意味の記述が地代論のなか
にも見られるので、これが「擬制資本」の意味として規定されるのは妥当な
ことである。マルクスは、「利子生み資本という形態に伴って、確定した規
則的な貨幣収入は、それが資本から生ずるものであろうとなかろうと、すべ
て資本の利子として現れることになる」として、次のような例を挙げている。

　平均利子率を年 5%としよう。そうすれば、500 ポンドという金額は、利
子生み資本に転化させられれば、毎年 25 ポンドをあげることになるであ
ろう。そこで、25 ポンドという確定した年収入はすべて 500 ポンドとい
う資本の利子とみなされる。とはいえ、このようなことは、25 ポンドの
源泉がたんなる所有権または債権であろうと、地所のような現実の生産要
素であろうと、とにかくそれが直接に譲渡可能であるか、または譲渡可能

になる形態を与えられる場合（いいかえれば現金と同じである場合—引用
者）を除けば、純粋に幻想的な概念であり、またそういうものでしかない
のである。　　　　　　　　　　　　　　（普及版第3巻原書482頁）

　このような利子の元金 principal として現れるのが「擬制資本」である。
これはいかなる意義を有するか。第3巻第5編の「利子生み資本」と第3巻
の結末ともいえる第7編の「三位一体定式」批判とは、いずれも未完成の草
稿が編集されたものであって、両者の結びつきが再考されつつ、論理的展開
の不足部分が補われなければならない。そのさいに、たしかに「擬制資本」
は、商品ではない「利子生み資本」から明瞭に区別されていないなど概念と
して未完成であったとはいえ、論理的必然性をもって、第5編と第7編の間
に位置しなければならなかったと考えられる。そもそも第3巻の結末そのも
のも未完成なのであるが、第3巻第4編「商品資本および貨幣資本の商品取
引資本及び貨幣取引資本への転化」、第5編「利子と企業者利得とへの利潤
の分割。利子生み資本」、第6編「超過利潤の地代への転化」という展開は、
そののち、第7編の「三位一体定式」批判へと接合するために、その間に「擬
制資本」という媒介を必要とする。いいかえれば、「擬制資本」を仕上げる
ことは、第3巻、さらに『資本論』全体の仕上げに結びつくのである。
　宇野弘蔵は、『資本論』における、擬制資本についての断片的な叙述を手
がかりに、それを論理的に一貫させ、これを「それ自身に利子を生むものと
しての資本」として『経済原論』のなかに配置した。それと同時に、『資本
論』第3巻の内容に相当する『経済原論』第3編「分配論」を、その順序を
含めて全面的に改編した。すなわち、一般的利潤論のあと、『資本論』が「商
業資本—利子—地代」と展開したのに対して、『経済原論』は、「地代—利子
—商業資本」へと展開した。それによって、「それ自身に利子を生むものと
しての資本」の論理が、結末の「階級論」へとつながることが鮮明になった。
　では、『資本論』の結末部分をどう捉えるべきか。ここでは『経済原論』
の展開に即して、論点を整序してみる。
　まず従来の経済学は、資本家と労働者と土地所有者という三大階級の関係
を、資本—利潤、労働—賃銀、土地—地代としたことで、経済学としての目

的に達しえなかった、とする。しかも、俗流経済学は「資本―利潤」を「資本―利子」に骨抜きにした、としている（同書223頁）。

　また、「資本―利潤」から「資本―利子」への変化を「発展」とし、後者を「資本の物神性を完成する定式」としている（同書224頁）。

　そして、いずれの定式も「階級性が商品形態の内に包摂され、隠蔽されているという事実に頼った常識的規定」にすぎない、「凡庸な神学」に堕している、と断ずる。

　「資本の物神性」とは、もともと社会関係から生み出されたはずの資本が、それ自身が本来の性質として運動するように現れ、その資本が人間から崇められ、人間を支配するということである。『経済原論』は、「それ自身に利子を生むものとしての資本」が、この物神性を完成させるものとして、資本の運動を律し、「資本主義社会の理念」となる、としている（同222頁）。

　では、「資本主義社会の理念」とは何なのか。いったい、どのような意味で用いられているのか。

3．理念としての「それ自身に利子を生む資本」

　この「理念」という言葉が何を意味するのか、十分に説明されてないが、カントの使用法と関連させると、考えやすい。『純粋理性批判』の「超越論的弁証論　付録」では、次のように述べられている。

　理念の卓越した不可欠な使用方法によって、知性（従来は悟性と翻訳された…引用者注）は特定の目標に向かうことができるようになる。知性のすべての規則はこの目標に向かった線に沿っているかのように、その一点に集まってくる。この一点がすなわち理念であり、これは虚焦点の役割をはたすのである。この点はすべての可能な経験の境界の外部に存在するのであって、知性の概念はこの点から生まれるわけではないが、知性の概念に最大の統一を与え、しかも適用範囲が最大になるようにするのである。

（『純粋理性批判6』光文社文庫 151 頁）

　虚焦点（フォクス・イマギナリウス）について、ひとつ補足しておきたい。凸面鏡においては、種々の方角から虚焦点をめざして集まる種々の光は、虚焦点に達せず、凸面鏡で跳ね返される。そして、それらは、あたかも虚焦点から放たれた光であるかのように、すべてが同じ「向きで」（同質のものとして）進んでいく。

　次の図では、虚焦点（理念）をめざす A 〜 E の光が、それぞれが同じ向きの（同質の）光 a 〜 e として進んでいる。

　同様にして、さまざまな収入の源泉である A 〜 E は、あたかも「それ自身に利子を生む資本」であるかのように、その所有者にそれぞれ a 〜 e の収入をもたらす。

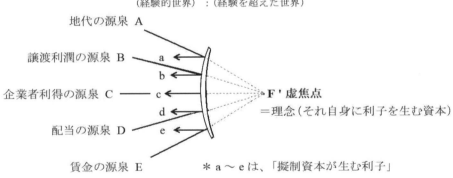

　しかしこれは、逆転されているのであって、じっさいは、まず現実の社会関係に基づいて一定の定期的収入 a 〜 d が存在する。そして、それぞれがいかなる関係から生まれたかは問われずに、そのそれぞれがいかなる出自であっても、その収入の源泉が一律の利子率で逆算された価格をもったものとして市場で評価される、ということなのである。このように想定される収入の源泉が「擬制資本」、「架空資本」と呼ばれる。

　もう一つの補足は、知性（悟性）と理性の違いについてである。前の引用文の直前に、カントは次のように述べている（同書 150 頁）。

　理性は何らかの対象と直接に関わるものではなく、知性だけに関わるものであり、知性を媒介として、理性は経験的に使用される。だから理性が概念を作り出すことはない。理性はこれらの概念に秩序を与え、できる限り広い範囲において、経験の系列の全体に適用されうるように、統一を与える。…だから、理性の対象となるのは知性であり、理性は知性が目的にかなった形で適用されるようにする。

　こう述べた上でカントは、「超越論的な理念が＜構成的に＞使用されることはない、もしも理念が構成的に使用されるならば、ある対象の概念が作り出されることになるが、そのようにして作り出された概念は詭弁的な＜弁証論的な＞概念にほかならない」としている。知性の原則はたんに経験的に使用されるべき原則であり、経験の限界を超えて使用すべきではないのである。

　付記すれば、カントがここで弁証論というのは、経験可能な領域を超えて、知性の認識が拡張されることである。それは人間理性にとって不可避なことではあるが、生み出されるのは仮象である、とする。

　このことを、上述の凸面鏡において考える。凸面鏡に向き合えば、自分を含めて前後左右にある事物が凸面鏡の向こう側に小さく正立した像として現れる。そうした凸面鏡は視野を広げるために有用ではあるが、向こう側に結ばれるのは「錯視」による像なのであって、現実的世界の枠を超えたところに「真実」を見いだしそれを概念化しうるという「錯誤」を生み出しやすい。

　こちら側の事物から虚焦点を目指す光は一様に同じ方向に異なった大きさで反射され返ってくるが、ここ資本主義社会において、一様な光とは価値（交換価値）である。それに基づいて凸面鏡の向こう側に存在するかのように結ばれた諸像を構成しそれによって自らの環境世界を了解しようとするときには、こちら側の世界の現実の多様な光は目に入っていないのである。

　しかし、虚焦点の意味を知ることによって、この「錯誤」の発生を避けることができるであろう。その意味で、宇野弘蔵の「それ自身に価値を生むものとしての資本」という「理念」を、この「錯誤」の基点に重ねることができる。すなわち、その「理念」が物神崇拝の対象とされていることを明らかにするために、そしてその呪縛の根源を露呈させるために、「理念」を虚焦

点にたとえた、と理解しうるのである。

4．「資本の論理」を研ぎ澄ます

　こうして、源泉を異にした種々の「収入」が、「それ自身に利子を生むもの」に基づき、あたかも同じ「理念」から生み出されたかのように同質の「利子」として現れる。労働者の賃金も、土地所有者の地代も、株式所有者の配当も。しかも、企業者の利得も労働者の賃金も、その結果に量的な違いこそあっても、労働がもたらしたものとして同質の「利子」である、とされる。

　それゆえに、「逆転」している。社会的な関係から生まれた所得が、その関係を離れて、「資本」の大きさにしたがって生まれるものとして現れる。

　しかも、各人は何らかの資本を持ち合わせており、それぞれが身の程に合った「資本の利子」を「正当に」受け取れる、そのような社会が「公正な社会」である、と思い込まされる。加えて、その資本が生産手段とみなされれば、無産者は解消され、すべての労働者がその蓄積に励まされることになる。

　その結果、人々は「才能に恵まれ努力の成果で成功した幸運の人」を賞賛し羨みながら、自分自身については、「持って生まれた不遇の運命」や「努力と粘りのあとひとつの不足」と慰め諦観しうる。

　こうして問題は、まったく「個人的な」ことであり、「社会関係」の問題ではない、ということにされる。すなわち、現実の社会関係・資本関係の一切が視野の外に置かれたうえで、砂のように孤立させられた諸個人は、各自の労働力がもたらす収入が「自己の価値」（擬制資本）に応じたものであり、栄達も失意もその原因は自己自身に帰するものとして、と観念させられる。

　労働者は、現実の資本関係としては、その労働力が商品として資本の運動に包摂されつつ、また、擬制資本の観念としては、労働者自身がモノのようにその「価値」を「人材」として評価され、商品として扱われる。市場で「高価な人材」、「廉価な人材」というように「公正に」仕分けられるのである。

　このような「資本の物神性」は、イデオロギー的呪いともいえる。いまやそれが生活のなかの「常識」とされている。社会を覆い尽くすその呪いをは

らいきって、あらためて社会関係が明らかに見えるようにすることが、学そもそもの務めであろう。

　マルクスは、労働力の擬制資本化を「狂気の沙汰」の「頂点」とみてその考察を途中で停止した。その結論は妥当であるとしても、労働力の擬制資本化そのものの考察は不可欠だった。それは、労働の二分化や労働者の高報酬の分析のためにも有効であり、それなくしては、こんにちの労働者の階級意識の問題を捉えることはできないからである（前章を参照されたい）。

　法に反することを罰すること、そして道徳に反することを非難することは、その社会の歴史的条件がどうあれ普遍的に遂行さるべきことである。しかし、特定の歴史的条件のもとにある社会構造に起因して不平等・差別が生み出されているときに、その歴史的条件を問題とせずに、「不法行為の取締強化」、「弱者の救済」ばかりを唱えるのは、「問題のすり替え」、「偽善」である。

　この問題に対しては、もちろん労働者自身がこの「擬制資本」の観念を振り払い、自らの労働と生活に即した社会認識を確保するのでなければ、何も始まらない。その際に、いわゆる「知識人」がいかにあてにならないか、そのわけはこれまで見てきた通りである。資本を持たず、また観念としても擬制資本の呪縛から解き放たれ、二重の意味で「自由」となった労働者たちだけが、「資本の論理」をもとに資本主義社会の仕組みを解明するだけでなく、あらゆる社会の存立に要する普遍的な「経済原則」に即した新しい社会を、資本主義社会に代わるものとして、構想しうるのである。

　これまで、「資本の論理」が社会全体を包摂するためにいかなる社会的条件を要するかを見てきた。ところが、じつはそのなかで、その諸条件が必ずしも盤石でも永遠のものでもないことも浮き彫りになっている。現実資本・擬制資本がいつまでも社会全体を覆い尽くしてはいられないのである。もちろん、新しい社会のためには、まず「資本の論理」が一般の人々のだれからでも理解されるように整えられていなければならないが、マルクスの『資本論』も、またその後継者たちの著作も、けっしてそうなっていない。

　したがって、目下のところ、「資本への理解が進むようにすること」と「資本の論理を研ぎすますこと」とは、じつはまったく同じ意味をもつ必須の課題なのである。

第7章　『経済原論』を読むということ

1.「労働力の擬制資本化」と『経済原論』

　前章までに「労働力の擬制資本化」の論理を、その成り立ちとともに提起したが、先だって『経済原論』について一定の理解があることが望ましかった。というのは、「労働力の擬制資本化」は、『経済原論』の「それ自身に利子を生むものとしての資本」を基礎としているのである。

　ところが、「それ自身に利子を生むものとしての資本」自体が、それなりの説明を要するのであって、その関連を示すことはいっそうの廻り道となる。しかも、『経済原論』は、ひとつの論理的体系をなしており、その一部を部分的に切り取って活用しうるというものではない。そこでここでは、これらの内容にはできるだけ立ち入らずに、形式的な関係を示したい。

　『経済原論』の「それ自身に利子を生むものとしての資本」という論理は、『資本論』をジグソーパズルにたとえれば、完成まで残り数枚というところで、そのうちの1枚として見い出されたものと言える。これによって、利子論全体と『資本論』の全体的結論とが結びつけられ、また、『経済原論』の全体像が次のように成立したのである。

　産業資本の剰余価値が、銀行資本と商業資本とにいかに分与されるか、という部分である。銀行資本は、産業資本の遊休資金をまとめ、他の産業資本に融通することで直接的に増産される剰余価値を分与される。これに対して、商業資本は、産業資本の流通費用を節約する役割を引き受け間接的に増加される利潤を分与される。商業資本の利潤は、産業資本の剰余価値・剰余労働の直接的分与ではない。商業資本がその資本家（企業者）としての活動自身によって企業利潤を生むとされることに対応し、残りの商業利潤の源泉は、「それ自身に利子を生む資本」だということになる[1]。これは、「ただ所有するだけでその価値が増殖する」という資本物神となる。そして、この物神崇拝は「収入の源泉—定期的収入」すなわち「資本—利子」として、いわゆ

る三位一体の一翼を担う。この定式の確立によって、商品経済のなかに階級関係が隠蔽される。以上を明らかにするのが、『経済原論』の全体像であり（140 〜 141 頁）、同時に『資本論』の全体像ともなりうるものであろう。

　細かい話になったが、『資本論』、『経済原論』と「それ自身に利子を生むものとしての資本」との関係を形式的に描いてみた。その上で、「労働力の擬制資本化」の論理の立ち位置を、次のように描いてみる。

　それは、『経済原論』のピースのうちの 1 枚かもしれない。『経済原論』利子論の末尾・第 4 節「資本主義社会の階級性」は、同時に『経済原論』の末尾である。その直前に置かれたのが、「それ自身に利子を生むものとしての資本」である。そしてそれは、「資本主義社会の理念」をなすものとされた。

　　商品経済における物神崇拝は、すでに述べたように [2]、労働力の商品化による資本の生産過程においてその根拠を明らかにされるのであるが、それ自身に利子を生むものとしての資本において、その完成を見るものといってよい。勿論、これは単に誤ってそう信じられるというというものではない。それによって資本はその運動を律せられるのである。それはいわば労働力の商品化による社会関係の物化に対応する資本主義社会の理念をなすものといってよいのである。　　　　　　　　　　　　（『経済原論』222 頁）

　ここで、「資本家社会」の理念でなく、「資本主義社会」の理念とされている。「資本家社会」ならば、労働者が生み出した剰余価値を配分し合う産業資本、貸付資本、商業資本などの担い手を指すが、「資本主義社会」ならば、それら以外に資本に支配される者たちをも含みうる。要するに、このズレのなかに、労働者階級は含まれるのか含まれないのか。すなわち、「それ自身に利子を生むものとしての資本」は、労働者階級の理念ともなるのであろうか。含まれないなら、労働者階級は、三位一体には関わらない。含まれるなら、どのように関わるのか。『経済原論』では直接に触れられていない。

　そこで注目すべきなのは、『資本論』第 3 巻において考察が中断された「労働力の擬制資本化」である（普及版原書 483）。これが『経済原論』の領域に収まるものかどうか、一度は検討されなければならないであろう。ただし、

この問題は専門家だけの関心にとどめておけるものではない。というのは、これは、当事者である労働者自身がどう考えるかという問題なのである。

　したがって、労働者自身が、『経済原論』の論理を経由して、「それ自身に利子を生むものとしての資本」を確認し、それを自らの「理念」となすのか、という問いにあらためて向き合うこと、それが求められることになる。執拗な物神崇拝を振り払うには、一人ひとりがその道をたどる以外にないのである。

2.『経済原論』をめぐる状況

　『経済原論』は、その「序」において、「簡単なる形」でまとめた、とされた。たしかにその他の著作に比較してそうはいえる。しかし、一般の人々に簡単に読めるようには書かれていない。その内容は、現代経済を考えるために不可欠な「科学の書」であっても、いまは大学生ですら一人では読めない。中学・高校のように教科書を補う参考書もない。大学における学問・教育の状況は大きく変わってしまったのである。こうして、一般的にも、諸学問へと誘うために、平易に解説する案内書の類いが求められるのではないか。

　『経済原論』も、かつては政治・経済の現実に関心をもつ学生たちに読まれ、普及のための案内書は必要なかった。しかし、こうも考えられる。一般の人々に普及し理解される必要が認められなかった。穿ってみれば、専門家が読んで理解すればよいのであって、一般の人々はその結論を「伝えられればよい」とされはしなかったか。もう一つは、『経済原論』自体の完成度にあって、いずれその正しさが伝わるはず、とされたのではないか。

　いずれにせよ、一般の人々が『経済原論』を読む際に、理解を助けられるような平易な解説書・案内書をつくる労力は、これまで尽くされなかった。

　このままでは、一般の人々の関心を失うだけではない。『経済原論』そのもの再錬成の機会を失うことになる。すなわち、現実の経済生活をおくる人々が「原論」をどう読みどう考えるかに関心がなくなれば、「原論」は過去の世界を対象として専門家だけでなされる訓詁学に陥ってしまう。そうして、

一般の人々が直面する資本主義の現実と、それに対処するための現状分析の基準となるべき「原論」との緊張した関係が解消されてしまう。

　やはり問題は、一般の人々と学問とを結びつける案内書・解説書が必要とされているのに、それが存在しないということである。たしかに、完結した『経済原論』について、解説・要約を「わかりやすく」しようとすれば、原文の厳格な意味からズレてしまう。「不正確性」を免れない。逆に、原文に忠実でありすぎれば、難解のままである。「平易な解説」は、専門的であろうとするほどに、煩わしいジレンマに置かれ、やりにくかったであろう。

　そうはいっても、大学から『経済原論』に関わる講座が消えて行き、まして一般の人々が接する機会がなくなっている現状を考慮すれば、その困難な作業が試みられる意義は十分にあるのではないか。

【注】

（1）少し強引に解釈する。原文は「しかもそれは（商業利潤は）資本家の活動自身に基くものとして、いわゆる企業利潤の形態を確立することになる。そしてまたそれに対応して資本は、それ自身に利子を生むものとしての資本という…」とある。この資本は、「商業資本という独立の資本」でもあり、「銀行を通して行われる金融」でもあり、その両者を含みうる。別の場所（215頁）でも、「かくして商品の買い入れに充てられる資本は、むしろ銀行を通して利用せられる貸付資本に準ずるものとせられ、これに対する利子をその利潤から差し引いた残りの利潤こそ、資本家の活動によるものとして、いわゆる企業利潤という資本家的観念を形成するのである。これに対応して資本は、それ自身に利子を生むものとしての資本家的物神性を完成されることになるのである」と、前者（自己資本）を含むと読めなくもない。整合性の確認を要するが、本論の課題に直接的には関わらない。

（2）「商品の価値は、直接に人間の労働の対象化されたものとしてではなく、商品が物として有し、変動するものとせられ、したがってまた価値関係は物の社会的関係としてあらわれ、貨幣が商品に対しては物として直接に価値物とせられる——という商品経済に特有なる性格が、ここではいわば生産過程自身に基いてその根拠を明らかにせられる」（63頁）。

第Ⅱ編　「資本の論理」を解き明かす

―　「価値」を超える教育　―

第1章　『経済原論』をどう読むか

1. 『経済原論』のすすめ

　世界不況と大量失業、地球規模での環境破壊と飢餓、それらから生まれる地域紛争、民族紛争、絶望的なテロ活動が世界を覆っている。しかしそれらの不均衡と混乱を尻目に、他方では、それらの事態に責任を負うべきはずであるグローバル資本主義が巨万の富を築いている。そして多くの人々が、こうした現状を諦観し、おのれの身の安全と安心のみを図ることを正当化し、偏狭なナショナリズムにはしる傾向が、普遍的立場を凌駕^{りょうが}しつつある。これに対して、「なぜこうなってしまったのか」という問いが発せられる。そしてこれは「そもそも資本主義とは何か」という問いに還元され、人々の関心が資本主義に正対したマルクスの『資本論』へと向かっているのも、ごく自然な流れというものであろう。

　しかし、こんにち一般の人々が『資本論』を読むことは容易でない。およそ150年前の著作であり、またマルクス自身の手になるものが全3巻のうち第1巻のみで、まったく未完成というべき著作なのである。

　そこでお勧めしたいのが、宇野弘蔵の『経済原論』を経由してのアプローチである。宇野弘蔵は『資本論』を徹底的に読み込み、マルクス晩年の方法論を首尾一貫させることで「資本の論理」を捉えた。その成果である『経済原論』を基準にして『資本論』を読み通すなら、現代の資本主義を把握する科学的な方法の手がかりをうることも、また『資本論』を優れた古典として楽しむことも十分に可能となろう。

　ところが『経済原論』自身も、およそ50年前の著作であり、また一般の人々に読みやすい表現をとっているとも言いがたい。さらに、いまの大学からは宇野弘蔵の経済原論を継承する講座がほぼ消え去っている。とすれば、現代資本主義への関心にも結びつき、なお若い世代が平易に読めるように導く入門書の類いにも大いに存在理由がある。加えて、かつて『資本論』や『経

済原論』に挑戦し中途の挫折で悔いを残された方々の再挑戦にも役立ちうるのではないか。

　『経済原論』は完成された一つの作品として、資本主義の認識がその方法とともに著されている。まずは作品そのものを全体を通して味わうべきであろう。そのために役立つことに専念する著作があってよい、と考えた。それは、原論解釈の例解の一つにすぎないが、まずは教育的な役割を果たすことが優先されてよいと思ってのことであった。そしてまたその観点で、少しでもなじみやすくなるように、宇野弘蔵（主）に、私（客）が尋ねる、というフィクション形式の構成をとった。もちろん、それは対話（ディアローク）ではない。真の対話に至るためのレトリックと考えてのことであった。

（追記）上記の作品は、『大学では学べない経済学』としてほぼ仕上がったが、公表は見送った。「論理の不徹底」「重要課題の取りこぼし」などのご指摘は、しばらくのちにいただくこととなった。

２．現代資本主義へのアプローチとしての『経済原論』

（１）現代資本主義の諸相

　現代資本主義の問題を指摘する声は多い。「格差の拡大」、「自然環境の破壊」、「ゼロサムゲーム」、「軍産複合体」など。ただし、その声の多くは「危機への警鐘」や「道徳的批判」に終始し、対抗策としてあげられるのは、「行き過ぎの是正」、「心構え」、「思いやり」、「きずな」など、発想が一定の枠内にとどまる。すなわち、市場のみが資源の効率的配分を実現しうる、という「市場信仰」から抜け出せずに、市場経済にどっぷり依存しながら、必然的に伴うその災いのみを避けたい、という願をかけているわけである。

　実際にそのようなうまい話があるのだろうか。たとえば、資本主義のバブルの恩恵に浴している者がバブルの永続を願う。あるいは、そもそも資本に対して「儲けの自粛」をお願いすれば、それが叶えられるとする。さらには、

「正当な儲け」を抑制する法的規制が、繁栄する資本の影響力下にある「民主的」議会や政府と矛盾なく共存するという。…

（２）マルクスへの関心

　しかし、現実は冷たく厳しい。どうしていつも願いが叶わないのか、という自然な問いが生まれる。そこで、「資本主義」そのものに正面から取り組んだ 19 世紀のマルクスへの関心も高まる。とはいえ、それにはすぐにお決まりの結論が用意されている。「マルクスの予言はすでに外れた」、「ソ連のような独裁制に戻るのは恐ろしい」、「貧しさの平等はほしくない」。すなわち、資本主義社会のあり方自体を問うことは「危険すぎる」こととして、「賢明」にも巧みに避けられていたのである。したがって、マルクスの知的営みの中身への関心には結びつかない。マルクスの名は引用されるが、その総体的な資本主義認識は用いられないのである。

　たしかにマルクスが見た資本主義は、19 世紀のものであり、またマルクスの著作にはその時代の社会思想として先鋭な息づかいがうかがえ、それを魅力と感じるか、嫌悪するか、受け止め方は人それぞれ異なるであろう。

　しかし『資本論』第 1 巻に記された資本主義認識は、予断なく自ら思考する者にとっては、客観的かつ普遍的なものとして理解しうるものなのである。マルクスもそうしたものとしての完成を目指したが、彼自身による結実に至らなかった。しかし、そのマルクスの業績について、こんにちなお生かして行かなければならない部分と、批判的に受け止めねばらならない部分とを厳密に区別していくことを通じて、マルクスの捉えた資本の論理を批判的に発展させることができる。そうしてようやく、資本主義そのものに正対することができるのである。このような作業の積み重ねがなければ、資本形態の現象的変遷に対応する理論づくりを次々に繰り返すような無方向の現状追認となるか、それとも個々の現象それぞれに対応した諸々の道徳的批判の記述に終始するしかないわけである。この双方が陥っているのは、資本主義そのものの認識に当たっての無「方法」、無「理論」である。

（3）宇野弘蔵の経済理論

　宇野弘蔵の『経済原論』が成立する歴史的背景には、マルクスなき後の資本主義の変容をいかに理解するかという「修正主義論争」と、日本で明治維新をどう意義づけするかを始点とする「講座派」対「労農派」の論争があった。宇野の「経済原論・段階論・現状分析」からなる三段階論は、この二つの論争をともに止揚する位置にある。すなわち、マルクス晩年の経済学方法を一貫させることで「純粋資本主義」の規定を経済原論で確立し、それによってマルクス後の変化した資本主義を段階論の中に位置づけ、その資本主義を『資本論』そのものでなく『経済原論』を尺度として分析することとした。そうすることで経済学の目標としての現状分析への道を拓いたのである。

　宇野は、科学とイデオロギーの峻別を唱えたが、それはイデオロギーを抜けば科学になるなどという「脱イデオロギーというイデオロギー」を意味しない。むしろ、マルクスの社会思想が資本主義イデオロギーの呪縛を解きほぐすことに貢献し、科学的な資本主義分析を可能ならしめたとするのである。宇野は、そのマルクスの理論的業績を継承しながらも、他方ではマルクスの唯物史観に傾斜したイデオロギー的「予言」には慎重に臨んだ。そうして『資本論』の方法を首尾一貫させることで、資本の論理を体系的なものとして捉えきったのである。

　ところが、日本の社会科学では、経済学に限らず、こうした業績の批判的蓄積という過程がほとんど見られない。たしかな方法とおのれの眼で足下を見て、それを理論化することよりも、余所から目新しいものをいち早く持ち込む競争に今でも明け暮れている。

（4）現代資本主義への対峙

　たしかに現代資本主義は、金融資本を中心としながらも多様に複雑に急速に変貌しつつある。低賃金と低税率を求めて国境を踏み越える多国籍企業、

法的規制を巧みに免れ危うい投資で高収益をあげる投資ファンド、ゼロサムゲームでの損失に公的資金からの補填を当てにできるという「詐取」のようなカジノ資本主義等々。これらは一般利子率をはるかに上回る収益を確保しているという。雑多にも見えるこれらの資本の活動は、経済原論で透かしてみると、国家的規制の差違や、規制の排除、規制の変更に付け入ったものなどであり、あるいは国家を媒介とする「収奪」であることがわかる。一方、新事業の起業による成功談が賞賛され初期投資への報酬が羨望されるが、追随の投資は可能でも高収益は追随できない。それでも一般利潤率を遙かに超えた収益の創出を求められ、達成できない経営者は、「（政治と結ぶ）能力がないのか」と詰問され、ほかに手だてがなければ、苦し紛れに堅実な「搾取」に立ち戻ることになる。こうした事情も経済原論で透かせばよく見える。付け加えるなら、「モノを作らない金融よりも、モノを作る産業を大切にしよう」とも言われるが、運動体としての資本は、自分自身をそのようには区別しないのである。

　あらためて考えよう。経済原論は、国家の関与が濃厚となった現代資本主義がもたらす問題を解明する際にその基準として貢献するが、問題解決の方策を提言するわけではない。そもそも経済原論に国家は登場しない。経済過程の政治からの自立的展開を規定するのである。資本と人間との関係で言えば、経済原論は資本による労働者に対する「搾取」を基本として、それを取り巻く諸資本と土地所有などのあり方を規定する経済法則を解明する。人間を土地から切り離す「資本の原始的蓄積」や国境を越える「収奪」や「略奪」は、段階論が引き受け、そこでようやく国家が前面に浮上する。そうして、つまるところ段階論・現状分析も資本主義の病に対する対症療法を目標とするわけではないのである。

　ところで私たちは、「略奪」よりも「詐取」がよいか、あるいは「搾取」がよいか、という選択を与えられたとして、喜んでいられるだろうか。

　あるいは、資本に対して、格差拡大の抑制のために賃金を上げ企業利潤を抑えたり、不況対策として（実効性は疑問だが）消費拡大のために労働者の所得を増やしたりしてくれるようお願いすればよいのだろうか。それとも、労働者は、資本の「略奪」の手助けをして自分たちだけおこぼれにあずかる

ために、いっそう資本への従属を強めるのだろうか。

　もし「略奪」も「詐取」も「搾取」もお断りしたい、というなら、知恵を絞り力を合わせて資本主義そのものに対峙するしかない。そのために必要なのは、何だろうか。

（5）経済原論の現代的意義

　そこで、やはり万人に受け入れられる「資本の話」が必要だということになる。先ほど見てきたような現代資本主義の諸相は、一つひとつがそれなりの存立根拠を主張しながら目新しいものとして姿を現すが、相互の関連を自らは明らかにしない。また、その多様さに対応して、人々の目の前に現れる資本も多様であり、一人ひとりはその一面を見るに過ぎない。その全体像は、諸形式からなる諸資本が資本としての共通の本質をもちながら、さまざまな関連で競争しあい共存することを通じて形成する集合体、すなわち資本家的社会として認識するのでなければ、見通すことができないのである。まずは資本の論理として、産業資本、商業資本、銀行資本、土地所有者、労働者からなる資本主義社会を支配する経済法則の規定を捉え、ついでそれを基準として、歴史的な資本主義の発展段階を考えるという手順が必要になる。

　さてこうして、資本主義とは何か、それが社会に何をもたらすかについての社会認識を経て、「それでは私たち人間社会はその資本主義といかに向き合うのか」という問いに直面することになる。そのときに、『経済原論』が、資本主義の経済構造とその運動法則の解明に付随して、一般的な経済過程の原則を明らかにしていることを想い起こしたい。これを資本主義克服への道を模索する手がかりとしうるのである。ただし、優れた理論家や実践者が指し示す道に皆がただ従っていけばよいというものでないことは、20世紀の「社会主義国家」が残した大きな教訓である。一人ひとりの人間が主体となって考え行動しなければならないのである。その際にもっとも有効な手段の一つが『経済原論』であることは間違いない。

　宇野は、『資本論』解釈を「科学主義」の名で独占していた当時の正統派マルクス主義に対抗して、『資本論』そのものと自らの思考とを武器に、論

理の一貫性を徹底的に追究し『経済原論』を構成したのである。

　宇野は、経済学の知識というものを、他の科学的知識のように技術的に利用できるものではないと言う。このことを拡大解釈するならば、『経済原論』は、一部の政策専門家のために書かれたものではなく、人間が主体となって経済生活を成り立たせるような社会をつくることに貢献することを目指して書かれたものである。すなわち、資本主義の経済法則の分析を通じて普遍的な経済原則を捉えることによって、資本が人間や社会を支配し動かす社会とは異なって、人間がそして社会が主体となり、人々の暮らしを成り立たせる社会を実現することがいかに可能であるかを明らかにするのである。それも、一部の知識人だけが理解し、一般の人々がそれを「信じる」というものであってはならない。

　それゆえに、『経済原論』はだれにでも読みやすいものでなければならない。少なくとも、自らの経済生活に関する話題を肉声で語りあえるような人間関係の中に、『経済原論』を駆使し身近な経済事象を解きほぐして認識しうるという人がいる、という状況がどこにでも成立することが、何よりも資本主義克服のために必要な前提条件である。

　もちろん、そうした現状認識がバラバラになって収拾がつかないのではないか、と心配するむきもあろう。しかし、資本主義の本質は一様なのであり、それがもたらす災いもまた同根である。たしかに現状認識は多様であるが、それは生産現場や生活の場が多様であるからであって、むしろその多様さゆえに多様な方角から資本主義に詰め寄ることが可能になる。すなわち人々は、様々な資本に正対することを通じて資本主義そのものを認識し、それを克服しなければならないという思いを一つにしうる。そして、多様な考えによって多様な道を進み行く動きが合力となって、その思いを実現させうるのである。

　そこで、何よりも重要となるのは、多様な現状の認識を支える「資本の論理」認識の確かさなのである。当然のことながら、これに呼応して『経済原論』自身もいっそう研ぎ澄まされなければならない。

3．読解のヒント集

　次の添付資料は、もとは『大学では学べない経済学』の理解を促すための
＜図＞、＜表＞、＜まとめ＞などであった。本書は、いったんそれらを抜粋
して並べてみたが、前後関係が不明で使い難いものとなった。そこで、それ
らに最小限の補足説明を適宜加えた。こうした経緯で、＜図＞、＜表＞、＜
まとめ＞自体がずいぶんと思い上がった試みであるだけでなく、これらの補
足文も『経済原論』からさらにズレたかもしれない。もちろん、そのズレは、
とくに明記していない限り、著者の誤読か工夫の不足・失敗かに起因する。
　もともと『経済原論』は読みやすいとはいえない。正確を期すためであろ
うか、補足文が後から次々と追加されたような文章も多数見られる。目的意
識を持たずには焦点が定まらず、予備知識なしに一人では読み通すのは容易
でない。とすれば、初めての読者に役立つ簡易な図表があってよいのではな
いか、ということなのである。その内容もすべてを網羅しうるはずもない。
結局、よるべきところは原文であって、迷えば必ず原文に戻って確かめなけ
ればならない。そういうものとして、これらの資料は、あくまでも『経済原
論』を読み進めるうえで役立つことを願っての一解釈なのである。
　各篇のはじめの＜概観＞は、いったん読み飛ばし、むしろ各篇のまとめと
して読んでいただきたい。また、各篇の＜談話室＞は、もちろん各篇の主要
な話題を網羅しうるはずもないが、そこに含まれるさまざまな疑問、感想、
意見が現代経済の諸問題に結びつくように願って作成したものである。
　なお本書では、『経済原論』のそれぞれの篇、章、節に相当するところを、
◇第 I 篇、◇第 2 章、◇第 3 節と表記し、その下に、本書の都合によって、
さらに細かい項目「 1.　…」、「 (2)　…」を設けている。

［文献］
　・『経済原論』　岩波書店 1964 年（全書版）、2016 年（文庫版）
　・『経済学方法論』　東京大学出版会 1964 年、岩波書店 1974 年（『宇野弘蔵著作
　　　集第九巻』）

◇序論 （経済学の目的と方法）

　経済学には、独特の性格がある。自然科学について、辞書は、「自然に属する諸対象を取り扱い、その法則性を明らかにする学問」と記す（広辞苑）。
　これに対して経済学は、まず対象が違う、法則性が違う。そして、目的・方法も違う。さらに、学問としての成立経緯も異なる。こうしたことが「序論」に圧縮されて述べられ、本論を読む際の導きの糸となる。

◇1．経済学とは何か

　広辞苑で、経済とは、「人間の共同生活の基礎をなす財・サービスの生産・分配・消費の行為・過程、並びにそれを通じて形成される人と人との社会関係の総体」である。この一般的規定は、下図のようにイメージできる。

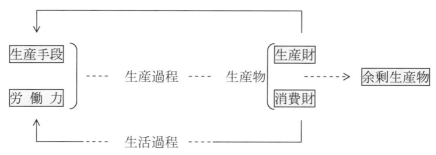

　しかし、経済学はこのような「一般的な規定」から始められない。逆に、商品経済という「特殊な経済の規定」を通して、この一般的な規定が可能となる。というのは、経済生活が全面的に商品で覆われている社会（資本主義社会）で、その商品の動きの法則性を捉えると、その社会だけでなく、他の社会の経済も一般的に規定できる。そしてそれは、過去の社会だけでなく、将来の社会の経済にも通じる。
　資本主義社会では、商品経済が生産過程を含めて経済生活を全面的に支配するので、商品経済の「形態」を捉えれば、「経済生活一般」を捉えられる。

　ポイント　　経済学は、商品経済の発展、資本主義の成立の後に生まれた

◇２．経済学の目的は何か

『経済原論』は、あらゆる社会に共通する「経済原則」と、資本主義社会に特殊な「形態」で現れる「経済法則」との関係を明らかにする。

経済原則	社会の存立と発展のために守られる経済生活の原則。 これによって、生産手段と労働力とが適切に配分され、人間生活に必要な財・サービスの生産が年々継続される。
資本主義的商品経済下の経済法則	経済原則の実現を法則として強制する。 → { 先行諸社会に対して経済的に優位に立つ。 経済行動を科学的に明らかにしうる。
社会主義下の経済原則	経済の法則に支配されるのでなく、直接の生産者が主体となって計画的に実現しようとする。

◇３．経済学は何を対象とするか

あらゆる経済社会で一般的に「行動の基準」となる経済原則は、資本主義社会では、経済法則として強制される形で現れる。そこで、経済学が科学として成立する。ただし、その対象は目的意識的に行動する人間の社会関係である。経済学の知識は、技術的に実利的に利用できるようなものではない。

＜経済学の対象の特性＞

(1) 目的意識的行動をなす人間を含んでいる
(2) 人間の社会関係の歴史的過程である

◇４．商品経済はいかに発展し、経済学はいかに形成されたか

商品経済は、共同体と共同体との間の交換から発生し、社会関係を拡大し、共同体内部に浸透し、共同体の分解を促した。

資本主義は、生産過程も商品関係で行うようになって、成立した。

経済学は、近代国家統一に役立つ実用的学問から、資本主義経済の構造と、資本の運動法則とを科学的に究明する学問へと向かう。

＜資本主義の特色＞
(1)商品経済の高度な発展
(2)生産過程も商品形態で行う

	商品経済と社会	経済の知識
古代中世	共同体の外部から内部に浸透し、社会関係に影響を及ぼす。	断片的、部分的、表面的な知識。
近代	国際的貿易関係へ発展。生産過程も商品形態で行う。資本主義社会を成立させる。	初期は、国家統一に役立つ実際的学問。やがて、資本主義の一般構造とその運動法則を解明する、科学的な原理の研究へと発展。

古典派経済学	資本主義を理想とする。資本主義発展を妨げる国家政策を批判する自由主義
マルクス経済学	資本主義を一定の歴史的過程とする。批判的方法で資本主義の原理を科学的に解明する。
（マルクス以後）	（資本主義が変化したことに対応する）
ベルンシュタイン	修正主義
カウツキー	正統派
ローザ・ルクセンブルク	『金融蓄積論』
ヒルファディング	『金融資本論』
レーニン	『帝国主義論』

◇5．経済学の方法、いわゆる三段階論とは何か

　経済学の究極の目的は、現状分析であるが、そのために、まず資本主義の経済法則を純粋資本主義社会において捉える経済原論（原理論）、そして資本主義の発展を段階的に規定する段階論を必要とする。いわゆる三段階論となる。

原理論	資本家・労働者・土地所有者の三階級からなる純粋な資本主義社会における経済法則を、その機構とともに明らかにする。これは資本家的商品経済に一般的に通じる理論である。
段階論	先進資本主義国の支配的な産業、資本形態の段階的展開が、国家形態や国際関係に及ぼす影響を解明する。原理論を基準とし、資本主義諸国の種々異なった諸現象を、資本主義の発展段階に規定されたものとして解明する。
現状分析	種々の経済政策論、社会政策論などは、資本主義の発展段階によって異なってあらわれる。段階論を媒介に、各国、世界経済の現状を分析する。

資本主義の発展段階	商人資本	産業資本	金融資本
一般的な政策基準	重商主義	自由主義	帝国主義

先進資本主義国 （イギリス）	旧社会の残滓を排しつつ、19世紀末まで純粋化。 資本主義が新段階に入り、純粋化が阻害される。
後進資本主義国 （ドイツ、アメリカ等）	先進国の発展の成果を輸入。 先進国の影響下で資本主義化。

◇6．経済原論はどのような方法を採るか

　生産論から始められない。商品経済は、生産過程から発生するのではないのである。交換関係で形成された特有な形態が、次第に生産過程を包摂する。

　マルクスは、第1巻を「資本の生産過程」としたが、実質的には、流通形態「商品、貨幣、資本」から始めている。論理的に、流通論から生産論へと展開する。

> 『資本論』の始まりは「生産過程」だが、実質は「商品」から
> 　　→　　『経済原論』の展開は、流通論から生産論へ

◇7.『資本論』と『経済原論』の構成比較

<マルクス『資本論』の構成>

第一部　資本の生産過程
　第一篇　商品と貨幣

　第二篇　貨幣の資本への転化
　第三篇　絶対的剰余価値の生産
　第四篇　相対的剰余価値の生産
　第五篇　絶対的及び相対的剰余価値の生産
　第六篇　労賃
　第七篇　資本の蓄積過程
第二部　資本の流通過程
　第一篇　資本の諸変態とその循環
　第二篇　資本の回転
　第三篇　社会的総資本の再生産と流通

第三部　資本主義的生産の総過程
　第一篇　剰余価値の利潤への転化と
　　　　　剰余価値率の利潤率への転化
　第二篇　利潤の平均利潤への転化
　第三篇　利潤率の傾向的低下の法則
　第四篇　商品資本及び貨幣資本の商品
　　　　　取引資本及び貨幣取引資本への転化
　第五篇　利子と企業者利得への利潤の分離
　　　　　利子生み資本
　第六篇　超過利潤の地代への転化
　第七篇　諸収入とそれらの源泉

<宇野弘蔵『経済原論』の構成>

第一篇　流通論
　第一章　商品
　第二章　貨幣
　第三章　資本
第二篇　生産論
　第一章　資本の生産過程
　　第一節　労働生産過程
　　第二節　価値形成増殖過程
　　第三節　資本家的生産方式の発展
　第二章　資本の流通過程
　第三章　資本の再生産過程
　　第一節　単純再生産
　　第二節　拡張再生産
　　第三節　社会的総資本の再生産過程
第三篇　分配論
　第一章　利潤
　　第一節　一般的利潤率の形成
　　第二節　市場価格と市場価値
　　第三節　一般的利潤率の低落の傾向
　第二章　地代
　第三章　利子
　　第一節　貸付資本と銀行資本
　　第二節　商業資本と商業利潤
　　第三節　それ自身に利子を生むものと
　　　　　　しての資本
　　第四節　資本主義社会の階級性

<談話室①> … なぜ「資本」なのか

A　マルクスは、いったん『経済学批判』を出版し、その続編を書くはず
のところ、『資本』（翻訳は『資本論』）という表題に変更し、それも最
初から書き直している。どうして「資本」としたのか、考えてみたい。

B　簡単に言うと、主体・主語を「資本」としたということだね。これは意識的な変更だ。つまり、「人間や社会がどのように経済を営むか」という記述でなく、「資本は社会の主体としてどのように経済を動かすか」という形式になったわけだ。

C　普通は「人間が経済を営む」と言うだろう。そして、多くの場合、経済はこうあるべきだ、という姿を描く。もし、現状がそうなっていないなら、その問題解決の方法を考え、人間が主体となってそれを実行するということになる。

A　経済の理想的な姿を描く場合でも、現実に起きている経済事象を解明するという場合でも、どちらにしても、実際にその人がどのような経済生活を営んでいるか、ということによって、理想の経済も、現実の経済も全く異なった姿となってしまう。

B　現状に満足する人は、現状に合わせた理想の経済を描き、現状に不満の人は、理想に合わない現状を強調して描くことになる。そうなると、だれもが納得できるものとして経済を解明するというのは、難しいね。とても科学としての経済学は成立しそうもない。

C　実際には、「多少の改善は必要だけれど、ほぼこのままでよい」という人たちが中心となって、この社会を維持しているわけだから、経済学も現状維持に味方するものになりやすい訳だ。

A　たとえその人たちが社会の中で実際には少数派であっても、権力と財産を確保していれば、けっしてそれらを手放そうとしない。みんなの「あるべき理想の経済」の話に耳を傾けないどころか、現状を批判する話は危険だと考えて、押さえ込むかもしれない。

B　そうすると、現状維持に役立つ主張、現状の不都合を隠す意見だけが世間に広まる。そして、「あるべき理想の経済は不可能だ、危険だ、有害だ」ということになる。

C　でも、「現状は間違っている、転倒している、これを本来の経済に戻さなければならない」という主張は、思想としてはわかりやすいが、賛同者を増やすのには限界がある。大多数の人々が現状に対してよほど我慢できなくなったようなときは別だけれども。

A　人々が、こうしたお仕着せのイデオロギーにとらわれずに、自分自身の社会認識をもつようになるには、理性をもつだれもが承服せざるをえないような経済学が必要になる。マルクスはそう考えたに違いない。そこで、入り口が重要となる。

B　こんにち我々は、日常生活で、経済について考えても考えなくても、生活に必要なものを買い入れて消費して暮らしている。そして、そのために必要なお金を稼いでいる。だからその生活に即して、商品の分析から始めれば、だれもが納得するだろう。

C　注意しなければならないのは、マルクスは「資本の生産」の中で、商品論を始めている。それに対して、宇野理論では、最初に「流通論」が独立して設けられ、その中で「商品、貨幣、資本」が展開される。それに、マルクスは「商品論」ですでに「労働価値説」を用いている。これに対して、宇野理論の「商品論」は、「労働価値説」を持ち出さず、価値形態論に徹している。労働価値説は、労働力が商品化される生産過程に至って明らかにされる。広くみれば『経済原論』全体の課題といえる。

A　いずれにしても、「資本」を自明のものとして持ち出すのではなく、「商品、貨幣、資本」という展開の中で発生するものとしている。

B　ただし、資本を主体・主語とするというと、あたかも資本が自分自身を告白する、という形のように受け取られやすい。しかし、もちろんのことだが、資本自身が意図することが必ずしもそのまま実現するというのではなく、意図せざる結果ももたらす。むしろ、その資本の運動を規定する経済法則が明らかになってくるわけだ。

C　そもそも、資本を単一不動の主体・実体と考えるのは間違いだ。自分自身が次々と変態していくものとして資本なのだ。そうして捉えられた資本の運動は、現実には、一定の歴史段階の中に、様々な非経済的要因の影響を受けながら現れる。

A　その現実の姿を前にして、その経済過程の的確な認識を得た私たち人間が、今度は主体・主語として、その資本に対してどう対処するかということになるわけだ。この事態は経済学の枠の中だけの話ではなくなる。

◇第1篇　流通論（資本はいかに成立するか）

…＜商品と流通＞…

《概観》

　始まりは流通である。そのなかで、資本は、貨幣の特殊な使い方から発生し、その姿を変えつつ自己増殖する運動体である。生産過程との直接的な関係はない。ところが、「常識」では、その資本が原料や機械などの生産手段とごちゃまぜにされ、土地や労働とともに生産の三要素とされる。そして、生産がその資本のもとに置かれることも当然のことと見なされるのである。そこで、資本の成り立ちが問われなければならないが、実際の歴史的過程を追うには及ばない。資本は、商品の流通過程に発生し、いまも日々成り立っているからである。人々が、自らの生活を成り立たせる商品関係を認識の対象とすることは、さほど困難なことではない。そして、そのなかに資本の成り立ちを見いだすことができるのである。こうして、商品の流通過程の考察は、「商品とは何か」から始まり、商品がはらむ「価値と使用価値との二面性」が貨幣へと発展し、さらに資本の発生に至る。ただし、このように資本の成り立ちを流通過程において把握するだけでは、生産過程をも包摂する資本の本質を解明したことにはならない。

　マルクスは、経済学の出発点を「商品」とした後にも、理論の展開方法を変えている。宇野理論は、その方向性を徹底した。

　生産物は必ずしも商品となるわけではない。「生産物から商品へ」という展開に内的な必然性はないのである。

　資本が生産過程を支配するとなって、必ず商品となる生産物が生産される。すなわち、生産物は他の生産物との交換関係に入って商品となり、商品関係から貨幣が生まれ、貨幣の出現が資本を生む。その資本が生産過程を支配することで、初めて生産物が必ず商品となる、ということになる。

＜概念の必然的な展開＞　　商品　→　貨幣　→　資本（生産過程を包摂）

第1章　商品…＜商品とは何か（価値と使用価値）＞

　マルクスの価値形態論とは異なり、ここでは労働価値説なしに価値形態の展開に純化する。労働価値説は、「資本の生産過程」で明らかにされる。

◇1．簡単な価値形態

　リンネル所有者 A が、上着所有者 B に対して、「自分の所有するリンネル20ヤールの価値は、B の所有する1着の上着の価値に等しい」と表現する。
　ここでは、A がリンネル 20 ヤールの価値を、B の上着の使用価値で主観的に表現している。B がリンネルの使用価値を認めてこれを欲すれば、交換できる。

（リンネル＝亜麻布地、1ヤール≒91cm）

> リンネル20ヤールは、1着の上衣に値する

（相対的価値形態）　　　　　　　　（等価形態）

リンネル 20 ヤール　　＝　　1着の上衣

価値（積極的要因）　　　　　A にとって使用価値（積極的要因）
他者にとって使用価値（消極的要因）　　価値（消極的要因）

　上着所有者 B がリンネルの使用価値を認めないなら、交換は実現しない。リンネルの使用価値は、（交換）価値の条件でありながら、価値実現を制約する。上着所有者 B が認めないなら、他に使用価値を認めてくれる相手を探し他の価値表現をしなければならない。

◇2．拡大された価値形態

　A は、さまざまな商品に対して、リンネルのさまざまな量をとって価値表

現をする。しかし、それらの表現は主観的な表現にとどまり、だれからも認められないこともある。リンネルの価値の条件であるその使用価値が、かえって客観的評価を制約するのである。

（1ポンド≒453.6 g、1クオーター≒12.7kg）

リンネル 20 ヤール	=	1着の上着
リンネル 2 ヤール	=	半ポンドの茶
リンネル 40 ヤール	=	2クオーターの小麦

◇3．一般的な価値形態　(この部分は、わかりやすくなるように試みた)

さまざまな商品の所有者が、それぞれの商品をリンネル 20 ヤールを等価物として表明するようになれば、リンネルは使用価値の制約を解かれる。

リンネル所有者とすれば、さまざまな所有者がリンネルの使用価値を認めてくれることを願って、次の形態を思い描く。

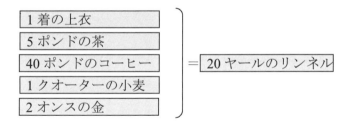

これは、均一価格店のような特殊な場合である。異なる量の使用価値を求めるものとする価値形態が考えられる。

（一般的等価物）

1着の上着	=	リンネル 20 ヤール
半ポンドの茶	=	リンネル 2 ヤール
20 ポンドのコーヒー	=	リンネル 10 ヤール
2クオーターの小麦	=	リンネル 40 ヤール
1オンスの金	=	リンネル 10 ヤール

　ここでは、リンネルの使用価値が変質している。布地として消費されるものから、だれからも使用価値が認められ、それゆえにどの商品に対しても「等価形態」に置かれるものへと。この等価物は、直接消費の対象とならなくてよい。量が異なってもその質が変化せず、分割も合一もできるもの。…もちろん、これはリンネルには実現しえない。リンネル所有者の適わぬ夢であった。しかし、金、銀、そして結局は金が貨幣となってこれを実現する。

◇４．貨幣形態

　貨幣の出現以前では、商品はその使用価値が価値の条件でありながら、価値の実現が制約されていたが、この貨幣形態において、商品所有者は互いにその商品の価値を直接に比較できることになった。

リンネル１ヤール	=	0.1 オンスの金
茶　　　１ポンド	=	0.4 オンスの金
上衣　　１着	=	2 オンスの金

第２章　貨幣　…　＜商品流通の展開＞

　金は、属性として堅さや重さをもつが、同様に価値という属性があるというわけではない。金は、諸商品との関係のなかで直接に交換できるという価値物であり、諸商品の価値を表現するが、金自体の価値は自然的な属性でなく、社会関係によるのである。

◇１．価値尺度

　価格は、商品価値を貨幣（金）の一定量で表現したものである。商品は、売れなければ価格を下げ売れれば価格を上げるという関係の繰り返しのなか

で、その価値が評価される。貨幣は、商品の価値を尺度しながら、商品の価値を基準にする交換を媒介する。

ポイント

貨幣は、商品の価値尺度の役割をしながら、
商品の価値を基準とする商品交換を実現させる。

◇2．流通手段

商品の交換は、市場における商品流通という形式 W—G—W' で行われ、貨幣がその流通を媒介する。商品は、売買のあと流通世界を脱して消費される。貨幣は、商品売買を媒介しつつ流通市場にとどまる。

G=Geld 貨幣、W ＝ Ware 商品

$$W \underset{\text{販売}}{\overset{\text{前半}}{\longrightarrow}} G \underset{\text{購入}}{\overset{\text{後半}}{\longrightarrow}} W'$$

所有者B：　G ——— W

所有者A：　W ——— G ——— W'

所有者C：　　　　　W' ——— G ——— W''

所有者D：　　　　　　　　　　W'' ——— G

ポイント

金は、必要に応じて一部分が
流通手段として流通市場に出る

◇3．資金（蓄蔵・支払い手段・信用）

貨幣は、使用価値の制約を解かれ価値物として貯蓄されうる。それによって、即座の支払いを要しない信用取引が可能になり、流通手段としての貨幣

が節約され貯蓄される。富として蓄積された貨幣も、その増殖のためとなれば、あえて資本として使われることになる。

ポイント
貨幣は、特定の使用価値の制約を解かれ、商品の価値を代表する
→ 蓄積、退蔵。　→ 時々、流通と蓄積の間を流出入する

＜信用貨幣　→　流通手段の節約＞

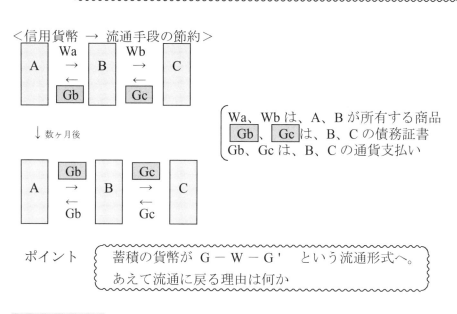

Wa、Wb は、A、B が所有する商品
Gb 、 Gc は、B、C の債務証書
Gb、Gc は、B、C の通貨支払い

↓ 数ヶ月後

ポイント
蓄積の貨幣が　G － W － G′　という流通形式へ。
あえて流通に戻る理由は何か

◇4．**世界貨幣**（流通圏を媒介する貨幣）

商品が共同体と共同体との間に発生したの同様に、資本もまた流通市場と流通市場との間に発生する。

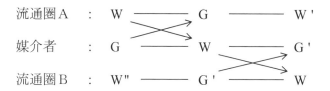

流通圏A　：　W ———— G ———— W′

媒介者　：　G ———— W ———— G′

流通圏B　：　W″ ———— G′ ———— W

◇第3章　資本…＜変態する運動体＞

　資本主義社会では、商品経済が一社会の経済過程を全面的に規定する。歴史的には、産業資本に先立って、商人資本形式、金貸資本形式が存在した。それらを比較して、産業資本の歴史的な特殊性をみる。

◇1．商人資本的形式 （流通を基盤とする価値増殖）

　商人資本は「商品を売って利益を得る、そのために商品を買う」。その姿を貨幣、商品へと次々に変えながら価値を増殖する、変態する運動体である。
　具体的方法として、場所的な相違、時間的な相違を利用したり、相手の窮状や無知を利用したりする。

$$G - W - G'　　　　　（\,G=Geld\,貨幣、W = Ware\,商品　）$$

$G' = G + g$ のうちの G は、再び同じ過程を繰り返す（資本の回転）。

$$G - W - G' \Big\langle \begin{array}{l} G\,（再び流通過程へ）\\ g\,（剰余価値） \end{array}$$

＜資本の回転＞

$$G - W - G'\,(G + g') - G - W - G''\,(G + g'') - G$$

　　　1循環（回転）　　　　　　　　　1循環（回転）

◇2．金貸資本的形式 （根拠なき自己増殖）

　商人などに資金を貸し付けて、利潤の一部を利子として得るという金貸資本である。とくに、相手の窮状に乗じてその財産を収奪するものを、高利貸資本という。何かの活動によって価値を増殖するのではなく、価値増殖の根拠を自分では持たない。それでも利子率はあらかじめ確定される。

この金貸資本をマルクスは、G―G' としていたが、宇野弘蔵は、流通における変態と区別して「…」で表示した（『資本論五十年』(下) 812 頁）。

$$G \cdots G'$$

◇3．**産業資本的形式**（生産過程を包摂する）

購入した商品をそのまま売るのでなく、その商品によって、新しい使用価値、しかもより多くの価値を持つ商品を生産し、それを販売して剰余価値を得る。

$$G ― W \cdots P \cdots W' ― G' \quad （P は生産過程を示す）$$

しかし、これは小生産者の活動と同じであって、資本の価値増殖とはいえない。資本は、労働者の労働力をも購入しそれを使用することによって、自ら商品を生産することになる。

＜生産過程の包摂＞　　　　　　　（Pm = Produktionsmittel、A = Arbeitskraft）

$$G ― W \begin{cases} Pm （生産手段) \\ A （労働力) \end{cases} \cdots P \cdots W' ― G'$$

産業資本の展開のためには、一方で、貨幣財産の蓄積が必要であり、他方では、近代的無産労働者が大量に必要である。後者は、身分的支配から自由であり、同時に自己労働のための生産手段から切り離されているという人たちである。彼らは、近代的国民国家が形成される歴史的過程のなかで作り出された。このことは「原始的蓄積」、「本源的蓄積」と呼ばれる。

ポイント　労働力は、資本の形態変化にとって、外的な存在。歴史的経過の中で商品化されたもの。

◇4．資本主義の成立と経済学

　産業資本の形式において、あらゆる社会に共通する社会的実体として社会の基礎となる生産過程が、商品経済によって包摂される。

　商品経済が、資本主義として一社会の経済過程を全面的に規定するようになることで、商品形態という特殊な形態を対象とする経済学が可能となる。

ポイント　　商品経済を対象とする規定　→　経済生活一般の規定

＜談話室②＞　　なぜ「使用価値」なのか

A　経済法則をとらえる上で、「使用価値」は数値化できないから経済学体系のなかに組み入れるのは不可能だといわれる。

B　ところが、個別課題を通じて、突然に公共財とか環境などを対象とする領域に直面すると、「無」論理に対処せざるをえない。やっつけ仕事のようなものになるわけだ。

C　使用価値を考えない商品論は、ちょうど「ゼロのない」算数のように、数はいくらでも数えられるが、不便なだけでなく、とても数学にはなれないようなものだ。

A　たとえば、労働力は労働者が生産手段を持たなければ、労働者にとって使用価値はない。資本が労働者に賃金を支払って労働力を購入すれば、資本は労働力を使用価値のあるものとして使用できる。

B　賃金は、労働者がこれを得なければ、生活資料を購入できず、生活できない。これに対して、資本が賃金に充当する部分は、資本としての運動に入らないこともありうる。すなわち、資本投下が停止され、労働者が雇われず、貨幣のまま蓄蔵されることも可能だ。

C　貨幣は一般的に特定の使用価値の制約を解除された価値物そのものだ。しかし、労働者にとっての賃金は、生活資料を購入するものとしてしか

使い道がないという点で、使用価値の制約を厳格に受ける。こうした非対称関係を、使用価値という概念なしに、理論的に説明することはかなり困難だろう。

A 「使用価値」を経済学で扱うとすると、使用価値のない財をどう考えるのか。もっと言えば、むしろマイナスの使用価値とも言える「廃棄物」の取り引きをどう説明するのか、という疑問もある。

B 工場排水などは、かつて自然の浄化に任せても問題ない時代もあったが、いまや自然浄化の能力を越える汚染が発生し、汚染処理の社会的費用が必要になった。

C そのため、汚染物の処理が義務づけられることになったわけだ。排出源に個別的に処理費を負担させることで被害の発生を予防し、汚染処理の社会的費用を抑制する効果もあっただろう。

A しかし、それはすでに法的規制と政策の話になっている。そうした非商品経済的な要因は、段階論と現状分析とで扱うことになっている。

B もう一度、使用価値の話に戻って考えよう。たとえば、普通の空気は使用価値をもつが、商品にならない。しかし、普通の空気が汚染され、そのままでは利用できないとすると、まともな空気を用意すれば商品となる。実際に時代の進展とともに環境汚染は進行しているが、これはやむをえないこととされ、消極的・受動的に商品化が進行する事例となる。積極的には、意図的に汚染を拡大し商品化を進行させることになる。

C 積極的な事例を極端に考えよう。たとえばだれもが自宅に井戸をもっていたら、地下水は商品にならない。しかし、法的処置で井戸水を汲むことを禁止したら、水が商品になる。許可を得た者だけが汲んでそれを売るわけだ。一般人は買わざるをえない。

A そのような国家の働きもまた、非商品経済的要因であって、経済原論の次元を離れた話になる。そのような取り引きは段階論において捉えることになる。

B ところで、「二酸化炭素の排出量取引」について、商品経済としてはどう見るか。二酸化炭素を商品として売買するというわけではないだろう。

C ゴミの投棄を法律で禁止すれば、ゴミの処理が商品になる。同様に、

> 二酸化炭素も個別の排出者に対して排出量を制限し、上限を設ける。排出量が上限を越せばペナルティを課し、上限に達しない場合、上限と排出量との差を「排出権」として、削減目標に達しない排出者に売却できる、という仕組みだ。こうした「市場原理」を活用して全体の排出量を制限できるというのだ。
>
> **A**　言い換えると、「金を払えば空気を汚せる」ということだね。使用価値を問わない市場取引も、ここまで来れば何かに気づくということなのだろうか。

◇第2篇　生産論（資本はいかに生産を包摂するか）

…＜資本と労働力＞…

《概観》

> 資本は、その生産過程において、労働力を支配下におさめ、価値形成増殖を実現することで、いよいよその本質をあらわす。流通が中断されるこの過程で、資本と労働力と間の直接的関係があらわになるが、資本はこの関係を基礎として、生産方式を大きく発展させる。その一方で、資本自体は、あくまでも流通過程にあるものとして、その価値増殖にさまざまな規定を与えられる。このような資本の生産過程と資本の流通過程との総過程は個別資本の枠を越えた社会的総資本の再生産過程として解明され、価値法則の絶対的基礎が現れることになる。ただし、資本の展開の規定は、同時に資本の運動への制約の規定でもあり、資本と労働力との関係を可能ならしめる社会的基礎を解明する規定として、やがて示されることになる。

　資本の生産過程は、使用価値の生産と、価値の生産との二重の生産過程である。また、この資本の生産過程は、生産物が商品として流通する過程によって補足される。さらに、資本自身の再生産過程も実現される。生産論では、これら資本の生産過程、流通過程、再生産過程が解明され、そのなかで、資本家と労働者との関係を規定する法則が明らかになる。

> ポイント　　資本の生産過程は、資本の流通過程の間の一段階

◇第1章　資本の生産過程…＜資本による労働力の支配＞

◇第1節　労働生産過程

　資本の生産過程は、それ自体は人間の労働過程である。労働力は、特定の対象（自然あるいは過去の労働の産物）に対して一定の目的を持って働きかけ対象に変化を与え、生産物を生み出す。その際には、労働力の作用を拡大する労働手段が用いられる。

【労働過程】＝特定の対象に一定の目的で働きかける

労働力	→	労働手段	→	労働対象	→	生産物
（労働主体）		（作用を拡大）		（自然あるいは労働生産物）		

　労働対象と労働手段とはともに生産手段と呼ばれ、生産の客観的要因である。これに対して、労働力は主体的要因である。

【生産過程】＝労働の結果としての生産物からみる

・労働力　…　主体的要因	生産の2要因　→　生産物
・生産手段　…　客観的要因	
（労働対象、労働手段）	

　6キロの綿花と1台の機械で綿糸を6時間で生産するときには、綿花の生産に20時間の労働と、機械の消耗に相当する分として4時間の労働とが加わっている。したがって、綿花6キロは30時間の労働の生産物である。

　紡績の生産力が増進し、同一時間に2倍を紡績すると、これに対応する生産手段の労働時間が48時間となり、12キロの綿糸は54時間の労働生産物となる。

```
・労働力　　　　　　（ 6 時間）（ 3 シリング）
　　↓
・生産手段　　　　　（48 時間）（24 シリング）
　┌綿花　12 キロ　（40 時間）（20 シリング）
　└機械のべ2台　（ 8 時間）（ 4 シリング）
　　↓
・綿糸　　　12 キロ　（54 時間）（30 シリング）
```
40＋8＋6＝54 時間

　労働生産力の増進で、6キロ＝30時間が、12キロ＝54時間となった。労働力の再生産に要する生活資料が一定なら、生活資料の生産に要する必要労働時間は減少し、剰余労働時間が増加する。資本主義社会では、この剰余労働時間によって生産される剰余生産物は、資本の生産物として処理される。

＜有用労働＞

・綿花を綿糸に変える。綿花や機械などの生産手段に要した労働時間を新生産物の綿糸の生産に要する労働時間の一部分とする。
・特定の生産物（綿糸）の生産に適合した特定の労働の面をなす。

3. 読解のヒント集

＜抽象的人間労働＞

- 紡績過程の労働時間をも綿花その他の生産手段に要した労働時間と一様なるものとして、新生産物の生産に要する労働時間とする。
- 綿花や機械の生産に投じられた労働と同様に、紡績労働も人間労働力の支出としての労働である。

＜労働の二重性＞

「あらゆる社会の労働に共通」 → 「商品生産における労働」

- 有用労働
- 抽象的人間労働

- 特定の使用価値
- 一定量の価値

　商品として買われた労働力によって商品が生産される（商品による商品生産）。主体は資本であり、その資本が人格化したものが資本家である。

　労働力の再生産に要する1日の生活資料が6時間の労働（代価3シリング）で生産されるものとして、最初の事例を振り返る。

　生産物6キロのうち4.8キロで生産手段の12シリングが回収され、1.2キロで労働力の代価3シリングが回収される。労働者の3シリングは、生活資料の代価となる。商品は、生産に要した労働時間を基準に売買されている。

- 労働力　　　（6時間）（3シリング）　…　生活資料の購入
  ↓
- 生産手段　（24時間）（12シリング）
  - 綿花6キロ（20時間）（10シリング）
  - 機械1台　（4時間）（2シリング）
  ↓
- 綿糸6キロ（30時間）（15シリング）
  - 4.8キロ　　　　　　（12シリング）…　生産手段の代価の回収
  - 1.2キロ　　　　　　（3シリング）…　労働力の代価の回収

　資本家と労働者との関係が商品形態で結ばれ、労働時間が商品交換の基準となる（価値法則）。

~~~
 労働生産過程の一般的原則…あらゆる生産物は生産に要する労働時間に
                       よって得られる
   商品経済下の価値法則……労働時間が商品交換の基準となる
~~~

　ここでは、綿花の生産労働と機械を作る労働と綿糸を作る労働とが同質の
ものとして合算された。これは、資本があらゆる生産物の生産を任意に選択
し、商品として購入する労働力を任意に使用しうるからである。つまり、資
本の生産過程においてこそ、商品の価値の実体を労働と規定しうるのである。

◇第2節　価値形成増殖過程

　資本は、労働力を買い入れる際に、1日6時間の労働時間にする理由はな
い。労働者も、1日の生活資料購入に要する3シリングを得るためなら、1
日12時間の労働時間という条件であっても、のまざるを得ない。

　1日12時間の労働で、1人あたり12キロ（30シリング）が生産される。
資本は労働力に3シリング、生産手段に24シリングを費やし、30シリング
の綿糸を生産させ、3シリングの剰余価値を得る。こうして商品が価値を基
準として交換されながら、資本が価値を増殖させる。

~~~
・労働力　　　　　（12時間）（3シリング）　…生活資料の購入
　 ↓
・生産手段　　　　（48時間）（24シリング）
　┌綿花12キロ（40時間）（20シリング）
　└機械2台　（8時間）（4シリング）
　 ↓
・綿糸　12キロ　（60時間）（30シリング）
　┌9.6キロ　　　　　　（24シリング）…生産手段の代価の回収
　│1.2キロ　　　　　　（3シリング）…労働力の代価の回収
　└1.2キロ　　　　　　（3シリング）…剰余価値＝資本家の利潤
~~~

商品が互いに価値を基準として交換されながら、資本が価値増殖する。それは、資本の生産過程で消費される労働力の価値形成を基礎として成り立つ。

＜商品経済の物神崇拝的性格＞…資本もまた外部から法則的に強制される

商品＝物として価値をもつ
貨幣＝物として価値物である
　　→　人間の行動自身が資本の運動として物化する

◇第3節　資本家的生産方法の発展

◇1．絶対的剰余価値の生産

資本の生産過程で、生産手段は新たな価値を形成しない。その価値は生産物に移転されるのみ。労働力は、資本の生産過程ではもはや価値はないので、価値移転ではない。使用価値として消費され、新たな価値を形成する。

資本が得る剰余価値は、労働力の買い入れ価値と新たに形成された価値との差額である。資本は、これをできるだけ増やそうとする。

可変資本 variables Kapital	労働力に投下される	新たなる価値を形成し剰余価値を増殖する
不変資本 constantes Kapital	生産手段に投下される	価値は新生産物に移転されるが、増えない

剰余価値率＝ $\dfrac{m}{v}$ （vは可変資本、mは剰余価値 Mehrwert）

なお、労働分配率＝$\dfrac{v}{v+m}$ ＝ $\dfrac{1}{1+\dfrac{m}{v}}$

＜絶対的剰余価値の生産＞

資本A

必要労働時間 6 時間	剰余労働時間 6 時間

資本A′

必要労働時間 6 時間	剰余労働時間 8 時間 　（2 時間）

◇**2.** 相対的剰余価値の生産・特別剰余価値の生産

＜特別剰余価値の生産＞

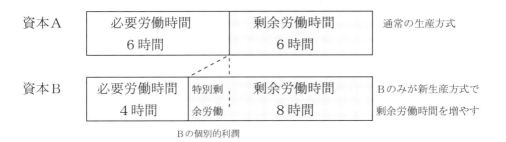

資本A

必要労働時間 6 時間	剰余労働時間 6 時間

通常の生産方式

資本B

必要労働時間 4 時間	特別剰余労働	剰余労働時間 8 時間

Bの個別的利潤

Bのみが新生産方式で剰余労働時間を増やす

＜相対的剰余価値の生産＞

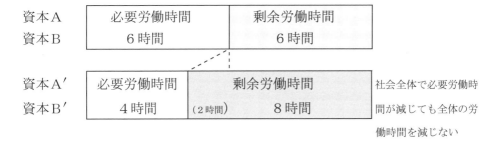

資本A
資本B

必要労働時間 6 時間	剰余労働時間 6 時間

資本A′
資本B′

必要労働時間 4 時間	剰余労働時間 （2時間）　8 時間

社会全体で必要労働時間が減じても全体の労働時間を減じない

◇3．協業と分業（主体の強化）

資本は、労働者を同一場所に集め、分業による協業や機械化によって生産力を高める。そのなかで、作業過程の分割や機械化により熟練が不要となって、労働者となる人の範囲が広がる。労働力は単純化し、平等に低廉化する。

> 分業、協業、機械化によって、主体的要因が強化され生産力が高まるとともに、労働の単純化、労働者の従属化、労働力の商品化が進む。

◇4．階級関係の隠蔽（労働力商品の売買か、労働の代価か）

賃金労働者は、「労働力」を商品として資本に売り賃金を得るのであって、職人が顧客から報酬を受け取ることとは違う。

	使用価値	価値
自営職人	職人仕事	労働賃金
賃金労働者	工場労働	生活費用

◇5．搾取を強化する賃金形態（時間賃金、個数賃金）

資本は、時間賃金にすると、1日の労働力の価値を支払わずに済む。そして、労働力を任意に利用しうる。

> 資本は、可変資本部分を、不変資本部分と同様に
> 生産費として処理する

◇第2章　資本の流通過程…＜価値増殖過程の規定と条件＞

　資本の流通過程では、価値の運動体としての資本が捉えられる。

　個々の資本は、安く生産し高く売って価値を増殖する。その過程のなかに、資本の生産過程（価値形成増殖の過程）を包摂する。それが基礎となって、資本の個別的な利潤が社会的に一定の基準を持つことになる。

　ただし、このことは直接には現れない。資本の流通過程における現象形態を通して現れる。

　　ポイント　生産過程における価値形成増殖の実体的根拠は、
　　　　　　　資本の流通過程の現象形態を通してあらわれる

◇1.　貨幣資本、生産資本、商品資本　（資本運動の三面）

　資本は、価値の運動体として循環するが、その始まりによって、3 つの面を示す。そして、生産過程が継続的に行われるように、全資本が一定の割合で、貨幣資本 G、生産資本 P、商品資本 W 'に配分される。

貨幣資本の循環	G － W … P … W'－ G'
生産資本の循環	P … W'－ G'・G － W … P
商品資本の循環	W'－ G'・G － W … P … W'

＜資本の運動と経済学説＞

G … G'	重商主義（商人資本的性格・貨幣増殖が目的 ）
P … P	古典派・リカード（「生産のための生産」）
W'… W'	ケネー（個別資本の「社会的関係」、その再生産表式をマルクスが評価）

◇2．流通期間の費用化

◇（1）純粋な流通費用・運輸費・保管費

　商業資本は、価値増殖を制約する「流通期間」を短縮し均等化する役割を引き受ける。ただし、商品販売のための「純粋な流通費用」の節約は、新たに価値を形成するわけではない。保管と運輸は、商品に価値を追加する。

保管	損傷を防止する	流通過程における消極的な生産過程
運輸	場所を移転する	流通過程に延長された生産過程

◇（2）生産資本の費用化（固定資本・流動資本の扱い）

　生産資本のうち、原料のように資本の1回転でその価値を生産物に移転するものを流動資本という。機械のように1回転では回収されずその使用期間に応じて一部分ずつを価値移転して回収されるものを固定資本という。

生産資本	固定資本	耕作用の牛	造船機械、ドック、海運の船舶
	流動資本	肥育のための牛	造船材料
貨幣資本		売却された牛の代金（投資用）	
商品資本		売却される牛	

＜貨幣資本の循環形式＞

$$G \quad - \quad W \quad \cdots \quad P \quad \cdots \quad W' \quad - \quad G'$$

①購買期間　　②生産期間　　③販売期間

・流通期間＝①購買期間＋③販売期間

・②生産期間＞労働期間

（農業生産や醸造生産などの生産期間には、労働期間を含まない自然的経過期間がある）

◇（3）労働力の費用化（可変資本の積極的意義）

　労働力は、生産過程では価値をもつものではない。価値を形成するものである。

　可変資本は、ほんらいの流動資本ではないが、これこそが資本価値を増殖させるものである。資本はこれを費用化し、流動資本として扱う。

> 可変資本の回転率は、資本の利潤率に規定的に影響する

◇（4）貨幣資本の費用化（商業資本・銀行資本による節約）

　商業資本は、流通資本としての商品を貨幣へ転化させる業務を引き受けて、流通費用を節約し平均化する。

　銀行資本は、産業資本の間に入って、余剰の貨幣資本を互いに利用させ、調節する。

◇3．剰余価値の行方（流通からの分離と再生産過程)

　資本の剰余価値部分は、資本の流通から分離できる。資本家の個人消費のために支出されるか、あるいは、資本 G に一部または全部が加えられて資本の流通に入る。

　剰余価値が、資本家の個人消費に支出される場合には、同じ生産過程を繰り返す単純再生産となる。これに対して、資本 G に加えられ流通に入る場合には、拡張再生産となる。

$$W'-G'\cdot\begin{cases} G - W \quad \cdots\cdots P \\ (g - w) \end{cases}$$

◇第3章　資本の再生産過程…＜生産過程と流通過程の法則性＞

◇第1節　単純再生産　－資本の再生産と労働力の再生産－

　物の生産過程が資本の生産過程として進行し、物の消費過程が労働者の生活として進行し、両者が商品形態で価値法則に規制されながら連結される。

　また、資本の生産過程が、生産手段と生活資料とを再生産しつつ、資本自らは生産できない労働力を、労働者の生活を通して再生産する。

$$
\begin{array}{c}
\text{消費財市場}\cdots\text{（労働力再生産）}\cdots\text{労働市場} \\
\uparrow \qquad\qquad\qquad\qquad\qquad \downarrow
\end{array}
$$

$$
G - W \begin{pmatrix} A \\ Pm \end{pmatrix} \cdots P \cdots W' \begin{pmatrix} 消費財 \\ 生産財 \end{pmatrix} - G' \begin{pmatrix} G - W \begin{pmatrix} A \\ Pm \end{pmatrix} \cdots P \cdots \\ g \end{pmatrix}
$$

$$
\begin{array}{c}
\downarrow \\
\text{生産財市場} \longrightarrow \qquad\qquad\qquad\qquad \uparrow
\end{array}
$$

　　　ポイント　｛労働者は、生産物と価値の生産とともに
　　　　　　　　　　　　自分の社会的地位を再生産している｝

◇第2節　拡張再生産　— 資本家的蓄積の現実的過程 —

　資本蓄積は、資本が自身では生産しえない労働力を、いかに追加調達するかにかかっている。

◇1．有機的構成の高度化

　技術的構成（労働者数に対する生産手段の比率）の変化は、価値構成（可変資本に対する不変資本の比率）に影響する。この高度化は、有機的構成の高度化と呼ばれ、資本主義発展の程度を示し、同時に相対的過剰人口の発生、追加労働力の調達の可能性を示す。

｛技術的構成の高度化→価値構成の高度化＝有機的構成（c / v）の高度化｝

◇2．資本の蓄積過程

　資本は、不断に生産方法を改善し、有機的構成を高度化し、相対的過剰人口を形成するわけではない。

```
好況期　→　一定の有機的構成での資本蓄積　→　労働力需要の増加
不況期　→　有機的構成の高度化を準備　　　→　相対的過剰人口の形成
```

◇3．景気循環と人口法則　…　資本蓄積と労働力の需要供給　…

　特殊な商品である労働力は、資本蓄積に伴って展開される人口法則によって、需給を規制される。それによって、労働者の生活水準も規制される。

```
資本蓄積の変化　→　労働力の需給　→　労働者の生活水準の規定
```

◇第3節　社会総資本の再生産過程　—価値法則の絶対的基礎—

　社会全体で、労働力と生産手段とが、それぞれの生産物の生産に必要とされる程度に応じて配分されることによって、年々の再生産が継続される。こうして、経済原則が商品形態で実現される。

◇1．再生産表式の例（単純再生産）　（本書第Ⅱ編　第2章　185 頁を参照）

　社会的総生産の年生産物 9000、そのうち生産手段 6000 を生産部門Ⅰに、消費資料 3000 を生産部門Ⅱにまとめ、それらの価値構成を次のように示す。なお、剰余価値率 m/v=1/1、資本構成 c/v=4/1 としている。

3. 読解のヒント集

$$I \quad 6000 = 4000c + \underline{1000v + 1000m}$$

（現物としては生産手段だが、価値部分としてⅡの生産物と交換される）

$$II \quad 3000 = \underline{2000c} + 500v + 500m$$

（現物としては消費資料だが、価値部分としてⅠの生産物と交換される）

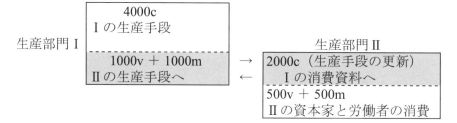

生産部門Ⅰ

| 4000c
Ⅰの生産手段 |
| 1000v + 1000m
Ⅱの生産手段へ |

生産部門Ⅱ

2000c（生産手段の更新）
Ⅰの消費資料へ

500v + 500m
Ⅱの資本家と労働者の消費

＜単純再生産の基本的条件＞ 　第Ⅰ部門（v+m）＝第Ⅱ部門（c）

◇2．拡張再生産 （本書 第Ⅱ編 第2章 193頁を参照）

　第Ⅰ部門（v＋m）が第Ⅱ部門（c）より大きいときに、生産が拡張する。次の事例では、第Ⅰ部門の500mが蓄積されるとし、これにともなって、第Ⅰ部門の消費額（＝第Ⅱ部門の不変資本）を1500、資本構成を同率として、次のように8250が生産されていたとする。これをゼロ年度と表記する。

$$I \quad 6000 = 4000c + 1000v+1000m$$
$$II \quad 2250 = 1500c + 375v + 375m$$
$$= 8250$$

　第Ⅰ部門の蓄積500mが、400c ＋ 100vに分割され、次年度の資本構成は次のようになる。

　不変資本＝4000c ＋ 400c ＝ 4400c
　可変資本＝1000v ＋ 100v ＝ 1100v

　第Ⅰ部門の 1000v ＋ 100（m）＋ 500m に対応して、第Ⅱ部門の不変資本部分は、1500c ＋ 100c に拡張される。可変資本 100v に 25v の蓄積が加わり、125m が蓄積にあてられる。ゼロ年度の生産で、第1年度の準備を表記する。

Ⅰ　4000c+400（m）c+<u>1000v+100（m）v+500m</u>
Ⅱ　<u>1500c+100（m）c</u>+ 375v + 25（m）v+250m
　　交換…Ⅰの（ 1000v ＋ 100（m）v+500m ）＝Ⅱの（1500c+100（m）c）

第1年度の生産資本、生産の結果は次の通りとなる。

Ⅰ　4400c+1100v　　　　Ⅰ　4400c+1100v+1100m ＝ 6600
Ⅱ　1600c+ 400v　　　　Ⅱ　1600c+ 400v+ 400m ＝ 2400 ⎫＝ 9000
　　　　　　　　　　　　　　　　　　　　　　　　　 ⎭

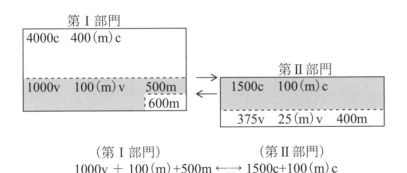

　　　　　　（第Ⅰ部門）　　　　　（第Ⅱ部門）
　　　　　1000v ＋ 100（m）+500m ←→ 1500c+100（m）c

第2年度の準備（Ⅰの 550m を蓄積）
Ⅰ　6600 ＝ 4400c+<u>1100v+550m+440（m）c</u>+<u>110（m）v</u>
Ⅱ　2400 ＝ <u>1600c</u>+ 400v+200m+<u>160（m）c</u>+ 40（m）v
　　　　交換…Ⅰ（1100v ＋ 550m+110（m）v）＝Ⅱ（1600c+160（m）c）

第2年度の資本　　　　第2年度の生産
Ⅰ　4840c+1210v　　　　Ⅰ　4840c+1210v+1210m ＝ 7260
Ⅱ　1760c+ 440v　　　　Ⅱ　1760c+ 440v + 440m ＝ 2640 ⎫＝ 9900
　　　　　　　　　　　　　　　　　　　　　　　　　 ⎭

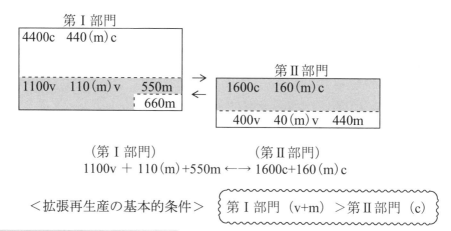

（第Ⅰ部門）　　　　　（第Ⅱ部門）
$$1100v ＋ 110(m)+550m ⟷ 1600c+160(m)c$$

＜拡張再生産の基本的条件＞　第Ⅰ部門（v+m）＞第Ⅱ部門（c）

◇3．金・貨幣の再生産・補給　（本書 第Ⅱ編 第2章 201 頁を参照）

　単純再生産でも、貨幣補給は要する。生産手段として生産された金の一部が、資本家の剰余価値部分に蓄積される。次の例では、貨幣としての金が第Ⅰ部門で生産される（Ⅰ 30 ＝ 20c ＋ 5v ＋ 5m）。その 5m のうち 3m が蓄積されるため（第Ⅰ部門 2m、第Ⅱ部門 1m）、再生産過程から除外される。

Ⅰ　6000　＝ 4000c ＋ 1000v ＋ 997m ＋ 1m ＋ 2m
Ⅱ　2995.5 ＝ 1997c ＋ 499.25v ＋ 498.25m ＋ 1m

　　＊交換　（第Ⅰ部門）　　＝（第Ⅱ部門）
　　　①　1000v ＋ 997c　＝　1997c
　　　②　1m　　　　　　＝　1m

◇4．再生産表式と価値法則

　資本は、生産物価格の変動で規制されつつ、年々の生産に必要な生産手段と消費資料の生産のために、生産手段と労働力を配分する。金や奢侈品の生産も、その需要が無制限でも、社会的再生産過程により間接的に規制される。

　ポイント　金の生産、奢侈品の生産も再生産過程に規制される

◇5. 表式と階級関係

　労働者は、労働力を売り、自らの生産物を買い戻して労働力を再生産し、再び買い戻すべき生産物を生産する。この労働力の売買は、たんなる商品の売買ではない。これが隠蔽され、労働力商品の代価が、資本家の所得と同様の所得とされるのである。

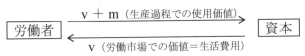

$$\boxed{\text{労働者}} \xrightarrow{\;v + m\;(\text{生産過程での使用価値})\;} \boxed{\text{資本}}$$
$$\xleftarrow{\;v\;(\text{労働市場での価値＝生活費用})\;}$$

◇6. 社会的所得と分配

　年々の生産物価値（$c + v + m$）のうち、（$v + m$）はその年の労働によって新しく形成された価値として、たしかに社会的所得といえる。しかし、それは必要労働と剰余労働からなる。剰余労働（m）は、資本家の間で、また土地所有者との間で分配される（第3篇の課題）。労働者の労働賃金（v）はすでに規定されており、労働者があらためて分配に与るわけではない。

＜資本家的商品経済における仮象＞

　資本家…剰余価値生産物の代価　──→　ともに
　　　　　（労働力の使用価値と価値との差）　「所得」とされる
　労働者…労働力の再生産費用　──→
　　　　　（生活費）

＜談話室③＞　なぜ「流通の中断」なのか

A　商人資本や貸付資本は、流通過程の中に生成するものだが、その流通過程に価値増殖の根拠を持たない、という矛盾を抱える。それは、資本が生産過程を包摂する産業資本の成立で一応解消することになる。

B　ただし、労働力が資本の使用価値として労働生産物を生み出すことで実現する価値と、労働力に支払われる価値との差が剰余価値として資本

の下に残ることになる。

C 『資本論』や『経済原論』を読む人の中には、この生産論での剰余価値論、労働価値論に納得し、ここで読み終えるという人も少なくない。

A 剰余価値だけでなく、資本や労働力がどのような法則的規定を受けるのかという全体像まで見なければ、資本主義について理解したことにはならないのだが。特に、「労働力の商品化」については、少し詳しく考えてほしい。

B 労働価値論を説明するのに、小生産者からなる商品社会を想定して説いているのをよく見かける。しかし、労働価値説が成立するためには、需要に応じた供給が必要なので、その生産量が応変に伸縮される必要がある。すなわち、小生産者はそれぞれがいかなる生産手段の準備や処分をも自在になしえて、いかなる労働もなし得なけれはならない。しかも、自らの労働力を自ら望むようには使わないという、相当無理な話だ。

C 通常のどのような労働をも行うことができる労働力、言い換えればだれにでもできるような労働しかできない労働力をもちながら、自分自身は何ら生産手段を持たないため、自分の労働力を使用価値として使用できない労働者が大量に出現して、初めて労働価値説が言えるということだね。

A つまり、どのような労働も可能な労働力が市場に十分に備わり、またいつでもその労働を停止し別の労働に移動させられることが、資本主義成立の条件となるわけだ。

B もちろん、価値を生む労働を支配するのは、資本だ。もはや労働者は労働の主体ではありえない。

C しかし、資本家といえども、資本が人格化したものであって、資本の運動の担い手の一部として動くしかない。

A ただし、資本家は、自分の意思で資本家であることをやめられる。しかし労働者は、自分の意思で労働者をやめられない。せいぜい雇い主を選ぶことぐらいだ。

B とはいえ、労働力自体は、資本によって直接に生産することはできない。資本ができることは、労働者に支払う賃金を、労働者の生活を継続

させることを可能にする金額とし、しかも労働力として市場に再登場させるため、労働力が労働者にとって使用価値とならないように生産手段から切り離し続ける金額とすることだ。

C　そのような労働力の再生産過程、つまり労働者の生活過程は、資本の流通過程としては「流通の中断」ということになって、資本の運動にとっては外的な与件となる。

A　その話に関連することだが、流通過程の中断は、労働者の生活過程だけでなく、もう一つある。資本の生産過程だ。労働力は一定の法的規定に従って資本の直接的支配下に置かれる。

B　この二つの過程では、共通して、姿態そのものが変容する。具体的に見ると、労働者の生活過程は、疲弊した労働力が回復し翌日にも労働可能となる過程だ。これは資本が労働者に支払った賃金を回収する過程として、商品流通の一部を含んでいる。

C　そして生産過程は、労働者が労働対象と労働手段を用いて新たな商品を生産する過程だ。これは、同時に労働力が消耗する過程でもある。

A　姿態そのものが変容する過程なのだから、モノを交換する流通過程としては、中断とならざるを得ないわけだ。

B　これに対して、他の流通過程は、「貨幣から生産資本へ」、あるいは「生産物から貨幣へ」など、姿態が他の姿態に入れ替わる変態だ。言い換えると、貨幣や商品から見れば所有者が変わる。あるいは所有者から見れば、所有物を換えるという過程だ。

C　一方、労働者の生活過程と資本の生産過程との二つの過程は、次のような点で対照的だ。労働者の生活過程は、資本による直接的支配を離れ、生活費を使って労働力の価値を回復する過程だ。これに対して、生産過程（労働過程）は、直接的に資本によって労働力が使用価値として消費される過程（価値増殖過程）だ。

A　この二つの過程が、時間的にも空間的にも明瞭に分断され、同じ労働力が二つの姿での存在で、すなわち「貨幣」を支払う「消費者」と「労働契約」を結ぶ「生産者」として、別々に現れることで、資本と労働力との交換の非対称性が不明瞭になるわけだ。

B　二つの過程の中に労働者を過不足なくフィットさせるのが原理論の「労働力の商品化」ということになるが、市民社会の中で自立的意思をもつ存在として生命活動（生活）を営む労働者は、この分断された過程に果たしてどこまで適応し続けられるのか。

C　近年の実情では、市場関係が労働者の生活領域内部にまで滲入し、市場への依存をいっそう深めるように生活の質を変え、利潤獲得の機会を増加させている。つまり、「心地よい消費」へと誘導する人心操作によって生活領域奥部まで市場に取り込まれている。また、従来は生産過程でなされたような労働の熟練化が生活領域での技能習得へと割り振られて、その費用の負担を強いられる傾向もある。

A　生産過程においても、労働立法による保護が弱まることで隷属関係が強まり、その延長上に人格的隷属関係、政治的支配が持ち込まれる傾向が一部に広まる。その中で、労働の単純化による低賃金化が進む一方で、少数者に対してだが、たとえばホワイトカラー志向へと誘導され、量的に長時間労働、質的に過重な精神負担を強いられ、身体的に精神的に病む労働者も生まれる。

B　しかしその傾向に対して、そのような隷属関係から「逃避」するために、あえて非正規雇用の短時間、短期間の単純労働を選び、濃密な隷属関係を避ける若者も増える。自分では自由で気軽に思えるが、しかしそれでは、代償として労働者全体の待遇悪化を招き、孤立した個人として、むき出しで市場にさらされることになる。

C　労働力の再生産過程と資本の生産過程とは、いずれも原理論の規定で「流通過程の中断」だが、現実の過程としては、資本自身による過剰な滲入を受けている。これらが「労働力の商品化」自体による問題であるか、あるいはその逸脱がもたらす諸問題であるか、判断が分かれるとしても、ともかくその中で労働者の存在が脅かされ根源的に不安定化している。つまり、原理論の規定自体に含まれる「労働力の商品化」の困難が、現実の資本主義の変質の中で、いっそう深刻な事態となって現れているということだ。

◇第3篇　分配論（資本はいかに社会を包摂するか）
…＜利潤の分配と階級性＞…

《概観》

> 流通過程から生まれ、生産過程を包摂した資本が、いよいよ自己増殖する運動体としての全体像を示すことになった。まず、資本と労働力との関係から引き出される利潤が、産業資本家間でいかに分配されるかが規定される。次いで、資本にとって外的与件となる自然要因（土地）の所有者への利潤分与である。前篇で、同じく資本の与件であった労働力については、直接的生産者を土地から分離するとともに相対的過剰人口を形成することによって、その制約を一定程度解消していたが、土地は労働生産物でも資本が生産できるものでも資本にならねばならないものでもないので、資本は土地の利用のために、その所有に対して譲歩し、商品経済的・資本家的規定を含んだ地代を分与することになる。次いで、資本と労働力との関係を基礎とする産業資本の利潤は、遊休資本を社会的に融通する銀行資本へと、さらに、生産物の売買を引き受け流通費用を節約する商業資本へと分与される。そして、これらの規定の展開の中で、土地所有を含めて、「それ自身に価値を生むもの」としての資本という観念（理念）が生み出されることになる。しかし同時に、資本による全社会的包摂がこのような商品形態によって覆い隠されても、その階級性は自ら思考する者の眼に明らかになる。こうして、経済過程への商品経済による法則的支配に代わって、人間がそして社会が主体として自主的に行動することを通じて経済原則を成立させるような、新たな社会への展望が拓かれる。

　利潤獲得を目標とする資本は、利潤率を基準にして、各種の生産部門を選択し、社会的に需要される使用価値を社会的に生産し、供給する。こうして商品経済の法則を実現しつつ社会的需要を充足している。これを補足することとして、剰余価値が地代、利子として分配される。

剰余価値率　m/v　…資本家と労働者との関係　…　生産過程内部の関係
（全社会的な関係で）

利潤率　$m/(c+v)$　…資本家と資本家の間の関係　…　投下資本と利潤の関係

地代・利子　　　　　…資本家と土地所有者・融資者との関係

◇１．地代と利子

　土地は所有者が独占しその利用を制限できるので、これを生産過程で生産手段として利用したい資本は、その所有者に譲歩して地代を払う。

　個々の資本の運動に伴って生まれる遊休貨幣は、一時他の資本に融通され、剰余価値の生産を増進して、その一部分を利子として得る。融通を受ける資本は、それによって流通費用を節約できるので利子を支払うことができるのである。地代は資本の運動の外部への分与であり、利子は資本の運動の内部で増産される剰余価値の分与である。

◇２．銀行資本と商業資本

　銀行は、産業資本の遊休貨幣をまとめ、資金として融通することで、利潤を分与される。商業資本は、産業資本の流通費用を節約する役割を引き受け、利潤を分与される。商品売買に要する費用を節約する商業資本が、独立の資本として、一般の利潤の分与を受けるとなれば、商業利潤は、産業資本の剰余価値からの分与でなく、資本家（企業者）の活動自身に基づくものである、ということになる。この「企業利潤」形態に対応して、「資本」は「それ自身に利子を生むものとしての資本」という物神崇拝の形態をとる。こうして、資本―利子、土地―地代、労働―賃金という三位一体の定式が作られ、それによって階級性が隠蔽される。これを明らかにすることが全体の結論となる。

＜ブルジョア社会の三位一体＞　＜資本主義社会の階級関係＞

資本－利子
土地－地代
労働－賃金

労働者－労働力商品の代価
資本家－剰余価値（利潤）
↓分配
地主　－地代
融資者－利子

土地から
の排斥

◇第１章　利潤 …＜資本どうしは、利潤をいかに分かち合うか＞

◇第１節　一般的利潤率の形成　　—　価値の生産価格への転化　—

　個々の資本家は安く買って高く売るということを利潤の源泉と考えるので、商品の価値は、費用価格に剰余価値を加えたものとして現れる。しかし、この個別的利潤によって、資本の利潤を一般的に規定することはできない。

資本にとっての商品価値　＝　費用価格＋利潤

資本家にとっての商品価格　＝（ｃ＋ｖ）＋ｍ　…資本の支出で計る
商品価値の概念　　　　　　＝ｃ＋（ｖ＋ｍ）　…労働の支出で計る

◇１．利潤率の要因

　２つ資本が、大きさが同じ 100 で、剰余価値が同じ 100 ％として、資本構成が次のように異なるとする。

（A）90c ＋ 10v ＋ 10m ＝ 110　　　利潤率＝ 10 ／ 100
（B）70c ＋ 30v ＋ 30m ＝ 130　　　利潤率＝ 30 ／ 100

　資本は、利潤率を投資の基準として、（Ａ）を避け、（Ｂ）を選ぶ。
投資の基準としては、資本構成の他に、剰余価値率、資本の回転期間（生産され、販売され、剰余価値が実現するまで）がある。

＜利潤率の三要因＞
① 剰余価値率
② 資本の構成（固定資本を含む不変資本と可変資本との比率）
③ 資本の回転期間（生産期間、生産物商品の流通期間）

＜利潤率の構成＞　　　　　（回転期間を除く）

$$\frac{m}{c+v} = \frac{m}{v} \times \frac{v}{c+v}$$ ただし価値構成は $\frac{c}{v}$

（利潤率）＝（剰余価値率）×（資本の構成）

◇（１）剰余価値率

　剰余価値率は、剰余労働時間と必要労働時間との比率である。機械制大工業の発達で、労働過程が単純化し、産業の違いを超えて均等な剰余価値率が想定される。

◇（２）資本の構成

　異なる生産部門の資本（Ａ）、（Ｂ）、（Ｃ）が、100 を投じ、剰余価値を同じ100 ％として、資本構成が次のように異なるものとする。さらに、その結果としての利潤率、その後の資本の移動を見る。

　　　　　　　　　　　　　　（利潤率）→（資本投下）→（生産価格）
（Ａ）90c ＋ 10v ＋ 10m ＝ 110 （10%）　　（減少）　　（騰貴）
（Ｂ）80c ＋ 20v ＋ 20m ＝ 120 （20%）　　（均衡）　　（維持）
（Ｃ）70c ＋ 30v ＋ 30m ＝ 130 （30%）　　（増大）　　（低落）

　資本は、利潤率の低い部門の生産を減らし、利潤率の高い部門の生産を増やすように移動する。利潤率は均等化に向かう。

<pre>
              X   Y   （利潤率） （商品価値と比較して）
(A) 90c + ┊10v┊ + ┊ 20 ┊ = 120 （20%）   （高い）
(B) 80c + ┊20v┊ + ┊ 20 ┊ = 120 （20%）   （同等）
(C) 70c + ┊30v┊ + ┊ 20 ┊ = 120 （20%）   （低い）
        （費用価格）   ＋（平均利潤）＝（生産価格）
</pre>

　ここでは、費用価格に平均利潤が加わり、生産価格が成立する。価値に代わって、生産価格が生産を社会的に規制する。これを、「価値の生産価格への転化」という。しかし、Xの示す枠内の数値の合計と、Yが示す枠内の数値の合計との関係は、必要労働と剰余労働との関係を示しており、それは変わらない。すなわち、労働者と資本家との関係は変わらないのである。

　　＜価値の生産価格への転化＞＝資本の回り道
　　　費用価格＋平均利潤＝生産価格
　　　　→　市場価格の運動の中心となり、資本と労働を社会的に配分する

◇（3）資本の回転期間

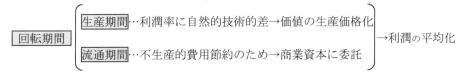

◇2.「一般的利潤率」の形成

　「価値」から乖離した「生産価格」は、資本が全体として労働者から得た剰余価値を個々の資本の間で平等に分配するために生じる。このことは、労働者が必要労働時間で自分自身のために労働し、剰余労働時間で剰余価値を資本の利潤とする、という関係自身には何ら影響しない。

<生産価格> 資本家の間で剰余価値を分配するための基準となる

<価値法則> 資本家と労働者との関係を決定する役割。一般の商品の交換関係もこの関係を基準として法則的必然性で規制される

◇３．「生産価格」の変動

賃金の騰落は、資本構成の異なる諸生産部門の生産価格にどのように影響するか。次の事例は、Ⅰ、Ⅱ、Ⅲの３部門の資本が全社会の資本を代表するものとしている。固定資本の存在、回転期間の相異は捨象する。

$$
\left.
\begin{array}{l}
\text{Ⅰ} \quad 80c + 20v + 20m = 120 \\
\text{Ⅱ} \quad 90c + 10v + 10m = 110 \\
\text{Ⅲ} \quad 70c + 30v + 30m = 130
\end{array}
\right\}
\quad 利潤率 = \frac{60 \times 100}{300} = 20\,\%
$$

計 $240c + 60v + 60m = 360$

いま、賃金ｖが10％騰貴すると、（ｖ＋ｍ）は変化せず、各部門のｍがそれぞれ次のように減じ、部門間に利潤率の差が生じる。

$$
\begin{array}{lll}
\text{Ⅰ} & 20v + 20m & \rightarrow \quad 22v + 18m \\
\text{Ⅱ} & 10v + 10m & \rightarrow \quad 11v + 9m \\
\text{Ⅲ} & 30v + 30m & \rightarrow \quad 33v + 27m
\end{array}
$$

そこで、生産物の価格構成と平均的利潤率は次のように変化する。

I   80c ＋ 22v ＋ 18m ＝ 120

II   90c ＋ 11v ＋ 9 m ＝ 110

III   70c ＋ 33v ＋ 27m ＝ 130

利潤率＝$\dfrac{54 \times 100}{306}$%　＝ $17\dfrac{11}{17}$%

―――――――――

計 240c ＋ 66v ＋ 54m ＝ 360

したがって、生産価格（費用価格＋平均利潤）は次のように変化する。

I   （80c ＋ 22v）＋ 18m　　　＝ 120

II   （90c ＋ 11v）＋ $17\dfrac{14}{17}$m ＝ $118\dfrac{14}{17}$ … $1\dfrac{3}{17}$ の低落

III   （70c ＋ 33v）＋ $18\dfrac{3}{17}$m ＝ $121\dfrac{3}{17}$ … $1\dfrac{3}{17}$ の騰貴

＊各部門の平均利潤の算出式　…　m ＝（c+v）×（平均的利潤率）/100

（例）第 I 部門

$$m ＝ （80+22） \times 17\dfrac{11}{17} \times \dfrac{1}{100}　＝ 18$$

　賃金の騰落は、資本の価値構成と剰余価値率とを変え、一般的に生産価格に変化をもたらすことになるが、全体としての価値生産物（ｖ＋ｍ）には増減なく、ｍの減増として現れるだけである。

＜補足＞「生産価格」と金貨幣

　貨幣としての金は、一定の不変の「価値」をもつものとしてでなく、価値が変動する一商品として尺度する。しかも、価値から乖離した「生産価格」で他の商品の価値尺度となる

　貨幣としての金も商品　→　金の「生産価格」で尺度する

◇4. 「生産価格」と「一般的利潤率」

　個々の資本は、「生産価格」によって剰余価値を資本家の間で配分する。その際の客観的基準となる一般的利潤率も、各種の産業に対する資本投資の競争によって形成される。

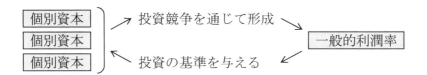

◇5. 「再生産表式」と「価値の生産価格への転化」

　「価値の生産価格化」は、価値の形成、剰余価値の増殖には影響を及ぼさない。むしろ表式を前提として「剰余価値を配分するために」転化が行われる。

価値の生産価格化	個々の産業部門への労働配分を示す
再生産表式	価値法則による生産手段と生活資料との配分、労働者と資本家との関係を示す（外枠）

◇第2節　市場価格と市場価値（市場生産価格）

…需要供給の関係と超過利潤の形成…

　異なる産業部門間での資本構成、回転の相違に基づいて生じる利潤率の相違は、生産物の「価値の生産価格化」によって解消される。

産業部門に利潤率の差　→　価値の生産価格化　→　一般利潤率

　　　　　　　　　　　　　　　　　　　　　　→　平均利潤の分与

　同一の産業部門内における個々の資本は、「市場価値規定」の下で、生産条件の相違による利潤率の相違を免れられない。「市場価値」に代わる「市場生産価格」は利潤の平均化をもたらすものではない。

・異なる生産部門間　…　価値の生産価格化　→　一般利潤率
・同種商品生産資本間 …　市場価値規定　　　→　異なる利潤率

◇1. 「価値の生産価格化」と「市場価値」

　商品の価値規定は、社会的需要に応じた供給を前提とし、この前提は「価値の生産価格化」によって現実に与えられる。「価値の生産価格化」を前提として、市場における制約も説ける。同一部門内での資本は、この前提の下で競争する。

個別資本は、同一生産部門内で利潤率を高める競争を展開しながらこの部門の平均的利潤率を基準に、他の生産部門での展開も選択する。

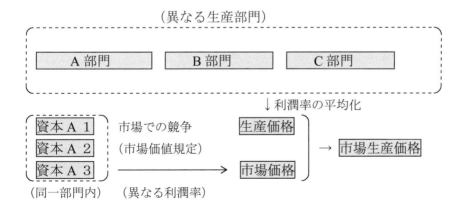

◇２．市場への供給主体と「市場価値」

　市場価値は、需要に対する供給が、市場価格の騰貴で増加し、低落で減少するという価格の運動の中心として、需要供給の均衡をもとに決定される。では、供給の増加がいかなる生産条件の生産による商品によって行われるか。

＜供給主体と利潤状況＞

利潤の状況 ＼ 供給の中心	優位条件 の資本	中位条件 の資本	劣位条件 の資本
優位条件の資本	平均（市場価値）	平均以下	平均以下　撤退も
中位条件の資本	例外	平均（市場価値）	例外
劣位条件の資本	多くの超過利潤	超過利潤	平均（市場価値）

◇３．「市場生産価格」

　需要は、供給を基礎とし、供給はまた需要に制約される。さらに、資本は蓄積によって供給と同時に需要をつねに増進し発展する。両者は不断の価格変動のうちに調整される。

```
        ┌──────────────┐
        │   経済原則   │
        └──────────────┘
              ↓　（商品経済形態化）
        ┌──────────────┐
        │   価値法則   │
        └──────────────┘
＜価値の生産価格化＞ ↓ ＜市場価値規定＞
     （不断の不均等の不断の均等化）
              ↓
        ┌──────────────┐
        │  市場生産価格  │
        └──────────────┘
 ＜部門間に均等な利潤率＞　＜個別資本に利潤率の差＞
```

市場価値規定の実体は、その商品の生産に要する労働時間によって形成される。需給関係によって、その商品が、市場価値を決定する商品となる。

＜補足＞市場価値規定と個別的価値

　資本は、異なった使用価値の商品の需要に対しては、価値の生産価格化で、社会的労働の配分を行う。同種の使用価値の商品の需要に対しては、市場価値規定によって、時には実際以上に、あるいは以下に社会的労働を配分する。

> 異なる使用価値商品の需要→価値の生産価格化→社会的労働の配分
> 　　　　（価値実体を基礎→剰余価値の配分替え）
> 同種の使用価値商品の需要→市場価値規定　→実際とズレた労働配分
> 　　　　（実体的規定と相違する個別的価値→超過利潤は解消）

◆第3節　一般的利潤率の低落の傾向　－生産力の増進と景気循環－

◆1．生産方法の発展と超過利潤

　資本は、機械の新たな改良で生産力を増進し超過利潤を得る。それは、従来の方法による商品の市場価値と新方法による商品の個別的価値との相違による。

　　　　ポイント　{ 超過利潤が新生産方法を普及させる }

＜補足＞発明費用と普及費用との違い

　新方法による特別剰余価値は、市場価値規定による超過利潤。新方法の普及とともに消失する。その利潤は普及のために社会が支払う改良費用である。

> 発明・発見…価値を構成しない
> 普及　　　…価値を形成。ただし採用する資本の個別的超過利潤に

◇2. 有機的構成の高度化と利潤率の低下

　資本主義の発展においては、資本量の増加とともに、総資本に占める可変資本部分の比率 v/(c ＋ v)は低下する。特に固定資本 c は増加する。そこで剰余価値率 m/v を一定とすれば、総資本に対する剰余価値の比率 m/(c ＋ v)は低下する。

$$\frac{m}{c + v} = \frac{m}{v} \times \frac{v}{c + v}$$

（利潤率）＝（剰余価値率）×（資本の構成）

資本の価値構成は $\dfrac{c}{v}$

$$* \ \frac{c}{v} \ \text{が上昇すれば、} \ \frac{v}{c + v} = \frac{1}{\dfrac{c}{v} + 1} \ \text{は低下する}$$

　有機的構成 c / v は、生産手段と労働者数の構成比を価値構成として表す。これが高度化すると、上記のように利潤率は低落するといえるが、低落を緩和する諸要因も発生する。そこで、この利潤率の低落は、「傾向的法則」と呼ばれる。

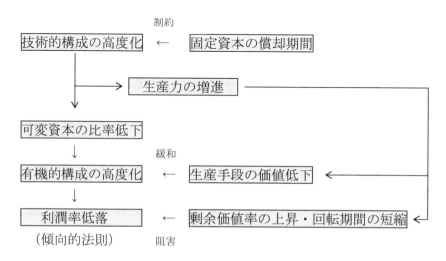

◇3. 景気循環における労働力と固定資本

資本主義の発展においては、生産方法が不断に改善されるわけではない。固定資本の更新と相対的過剰人口の形成とを基礎とする景気循環の過程で断続的に行われる。

好況期…同じ生産方式での生産拡大
　　　→ 労働力不足・賃金高騰　　　　　→ 労働者の生活水準の向上
　　　→ 利潤率低落・利潤量減少
　　　→ 利子率高騰
　　　→ 資本増大しても利潤量減少
　　　　　　　（資本の過剰）
恐慌…価格崩落　連鎖倒産　信用低下
不況期…生産停滞→価格・利子率・賃金の低下　→ 過剰人口・失業・合理化
　　　（新生産方式の出現）
　　　→ 固定資本の更新

◇4. 利潤率の低落傾向と利潤率の均等化

＜ 資本主義社会を規制する２つの法則＞

・利潤率均等化の法則　　　…生産価格による価格変動で現れる
・利潤率の傾向的低下の法則…景気循環であらわれる

＜補足・景気循環論と原理論・段階論＞

・恐慌は、原理論で抽象的に規定される。
・恐慌の実際の過程は、原理論による規定の歪曲・不純化過程として、段階論的規定のうちに解明される。

◇第2章 地代 …＜土地所有に、利潤はいかに分与されるか＞

　労働者から土地などの自然を分離して、労働力の商品化の基礎がつくられた。資本家は、自然力を生産手段として利用するときに、所有者から借り入れる。資本家と労働者との関係が基礎となって、資本家と土地所有者との関係が規定され、確立される。

＜資本家が直接に生産できないもの＞

①自然力

　　所有者から借り入れ　←　労働生産物でなく資本が生産できない

②労働力

　　商品として市場で購入　←　土地私有により労働者を土地から分離

　蒸気力工場は、生産物の費用価格100、販売価格（生産価格）115、利潤15、利潤率15％である。水力工場は、費用価格90、利潤率15％とすると、個別的生産価格103.5（＝90×1.15）となる。販売価格115なら、11.5（＝115－103.5）の超過利潤を得る。水力資本は、11.5の地代を払っても、13.5の利潤を得る。

工場	費用	個別価格	生産価格	（地代）	利潤		利潤率
(A)蒸気力	100	115	115		115-100　　=15		15%
(B)水力	90	103.5	115	(　0)	115-90-0=25	(超過利潤11.5)	27.8%
(B)′水力	90	103.5	115	(11.5)	115-90-11.5=13.5		13.3%

　蒸気力工場が、機械改良で費用価格90となると、11.5の超過利潤を得るが、これは地代化されない。この超過利潤は、この改良を普及させる動力となる。

＜新蒸気力(A)′の登場＞

工場	費用	個別価格	生産価格	地代	利潤	利潤率
(A)蒸気力	100	115	115		115-100=15	15%
(A)′蒸気力	90	103.5	115		115- 90=25 （特別剰余価値11.5)	27.8%
(B)′水力	90	103.5	115	11.5	115-90-11.5=13.5 （ 地代を負担)	13.3%

　　この改良の普及で、他の蒸気力工場の生産価格も 103.5 に低下すれば、超過利潤はなくなる。水力工場も地代を支払う利点はなくなる。

＜新蒸気力の普及　(A)も改良＞

工場	費用	個 別価格	生 産価格	地代	利潤	利潤率
(A)蒸気力	90	103.5	103.5		103.5-90=13.5	15%
(A)′蒸気力	90	103.5	103.5		103.5-90=13.5 （特別剰余価値なし)	15%
(B)′水力	90	103.5	103.5	11.5	103.5-90-11.5=2 （地代負担困難)	0.02%

＜超過利潤の区別＞

	根拠	継続性	取得者
自然力の差による超過利潤	実体的基礎はなく、形態的。例外的個別生産価格が固定化。	資本自体によっては解消できず	地主
生産手段の改良による超過利潤	改良の普及費用	普及と共に解消	資本家の特別利潤

◇1. 差額地代・第一形態

… 質の異なる土地の差異に基づく超過利潤の地代化 …

　質の異なる土地 A、B、C、D に、1 エーカーあたり同一額 50 シリングを投下して、それぞれ小麦の生産額 10、15、20、25 ブッセルを得るとする。いま小麦価格 1 ブッセル＝ 6 シリングとし、A の 10 ブッセルを売って得る 10 シリングが平均利潤だとすれば、B、C、D はそれぞれ 30、60、90 の超過利潤を得る。これらが地代化される。借地を継続するためである。

（1ブッセル≒36.4リットル≒小麦27.2キロ、1シリング硬貨＝12ペンス）

耕地	生産物		投下資本	利潤	超過利潤（地代）
	ブッセル	シリング	シリング	シリング	シリング
A	10	60	50	10	0
B	15	90	50	40	30
C	20	120	50	70	60
D	25	150	50	100	90
計	70	420	200	220	180

　1ブッセル＝6シリング

　需要が減少し、A の生産物が必要なく、B 地の生産価格 4 シリングが市場生産価格となれば、C、D において地代化される超過利潤は、それぞれ 20、40 に減少する。

耕地	生産物		投下資本	利潤	超過利潤（地代）
	ブッセル	シリング	シリング	シリング	シリング
B	15	60	50	10	0
C	20	80	50	30	20
D	25	100	50	50	40
計	60	240	150	90	60

　1ブッセル＝4シリング

<差額地代>

	超過利潤の地代化
第一形態	質の異なる土地の差異に基づく。横に同時に比較される差異。
第二形態	同一種類の土地への異なる投下資本額から生じる。資本蓄積とともに変化する相違。

◇2.　差額地代・第二形態

…同一種類の土地への異なる投下資本額から生じる超過利潤の地代化…

最優良地 D に対して、50 シリングずつ 4 段階にわたって投資される。第 I 、第 II 、第 III 、第 IV の投資で、それぞれ 25、20 、15、10 ブッセルが生産される。1 ブッセル 6 シリングで販売されると、第 III 、第 II 、第 I の投資は、それぞれ 40、70、100 の利潤を得て、それぞれ 30 、60 、90 を地代化することになる。

投資	資本 シリング	生産額 ブッセル	シリング	利潤 シリング	超過利潤（地代） シリング
D I	50	25	150	100	90
D II	50	20	120	70	60
D III	50	15	90	40	30
DIV	50	10	60	10	0
計	200	70	420	220	180

1ブッセル＝6シリング

小麦価格が上昇し、1 ブッセル 12 シリングで販売するものとして、D 地にさらに第 V 次投資がなされ 5 ブッセルを生産し、10 シリングの平均利潤をあげると、D 地の第 I ～第 IV 次投資も 240 、180、120、60 シリングの超過利潤が生じる。同時に A 地にも地代に転化される超過利潤 60 シリングが生じる。

耕地	資本	生産額		利潤	超過利潤（地代）
	シリング	ブッセル	シリング	シリング	シリング
DⅠ	50	25	300	250	240
DⅡ	50	20	240	190	180
DⅢ	50	15	180	130	120
DⅣ	50	10	120	70	60
DⅤ	50	5	60	10	0
計	250	75	900	650	600
A	50	10	120	70	60

1ブッセル＝12シリング

　小麦価格が下落し、1 ブッセル 4 シリングで販売するものとして、D への第Ⅲ次投資による生産で需要が充足されると、D 地の超過利潤は計 60 シリングに減少し、A 地は耕作圏外となり、B 地も超過利潤がなくなる。

耕地	資本	生産額		利潤	超過利潤（地代）
	シリング	ブッセル	シリング	シリング	シリング
DⅠ	50	25	100	50	40
DⅡ	50	20	80	30	20
DⅢ	50	15	60	10	0
計	150	60	240	90	60
A	50	10	40	−10	耕作圏外
B	50	15	60	10	超過利潤なし

1ブッセル＝4シリング

◇3. 第一形態と第二形態

　資本主義の発展とともに、資本の蓄積と借地の拡大とによって、一般的に地代は増加する。技術的発展は、土地の生産性を高め、土地の差に変動をも

たらすが、土地所有が存在することで、新たに形成される超過利潤が地代化される。そのため農業の技術的発展が阻害される。

	超過利潤の地代化の根拠	留意点
第一形態	質の異なる土地の差異に基づく	資本の選択で序列化できない
第二形態	異なる投下資本額から生じる	資本は自由に資本投下を増大しえない

＜資本の展開と土地所有＞

> 超過利潤の地代化　→　技術的発展の阻害

＜差額地代と絶対地代＞

差額地代	土地に起因する超過利潤を地代化する。外部的、消極的に資本と関係。
第一形態	資本の側が、土地所有にたいして資本家的規定を与える第一歩。
第二形態	土地所有形態が資本蓄積に対して消極的に制約を与える。
絶対地代	土地所有による利得を社会的に負担。あらゆる土地が資本に要求する。
	資本に対して積極的に制限を与える。

◇4．絶対地代の発生　…資本への積極的制約

　土地は労働生産物でないので資本にならない。また、利用が制限され独占されるため、資本は生産手段として自由に使用できない。そこで、資本は地代を支払って、土地に資本を投下する。土地所有者も、資本に土地を貸与しなければ地代を得られない。

> 土地は資本にならない　→　資本の利用が制限されうる　→　資本の譲歩

◇5. 絶対地代の形成

土地改良などの土地への投資の効果は土地所有者が得るので、投資が制限される。そのため、「価値の生産価格化」として農産物部門が増大することは制限される。絶対地代は、土地所有者が資本の競争による「価値の生産価格化」を制限するところに発生する。差額地代は、資本の競争によっては処理できない土地生産力の差による超過利潤が地代化されたものである。

＜絶対地代の根拠＞

農業の有機的構成の低さ 土地利用に制約 （利潤率均等化に制限）	→	（生産増大を誘うが）利潤率は高いまま 生産物価格は低落せず （「生産物価格」＞「生産価格」の継続） → 差額が絶対地代に

＜さまざまな地代＞

独占地代	特定の生産物の生産に要する土地が絶対的に不足しているときに、これを生産する資本に発生する超過利潤が、地代に転化する。
差額地代	一定の生産価格を前提。 資本が処理できない自然力の差による超過利潤を地代とする
絶対地代	資本の競争による「価値の生産価格化」が制限されることで生まれる超過利潤が、土地所有に対して地代として分与される。

◇6. 土地の私有と商品化

土地などの自然力は、それ自体に私有の根拠がない。資本によって、その生産方法に直接、間接に適応するものとしてその私有制が認められ地代が生じる。

ポイント 土地私有が無産労働者を生み、資本に適応して地代を生む。
土地は、擬制資本として商品化される。

◇第3章　利子　…＜諸資本に、利潤はいかに分与されるか＞

◇第1節　貸付資本と銀行資本

◇1.　商業信用と銀行信用

　商品売買において、手形を用いて信用取引をすれば、貨幣を節約できるが、個別的な関係に制約される。銀行は、これを社会的信用関係とする。

　銀行は、産業資本の遊休資本を集中し、他の産業に貸し付けることによって、資本家社会的に信用関係を一般化する。

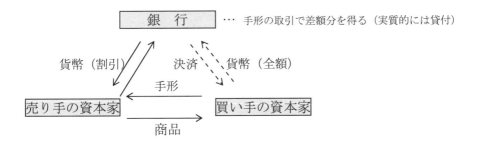

＜前期的資本（資本主義以前の古い資本形態）の変化＞

・高利貸資本　　→　貸付資本
　　　　　　（利子を得ることを目的として資金を貸し出す）
・商人資本　　　→　商業資本
　　　　　　（産業資本に代わって商品流通を専門に営む）

◇2.　貸付資本としての銀行資本

　銀行は、資金の利用を社会的に媒介する機能を、貸付資本 G … G′ の形式で行う。また、貨幣市場での資金売買を通じて、一般的利潤率の均等化を補足する。

◇3. 銀行券の発行による貸付

政府紙幣	政府によって法的に規定され、通用の強制力を持つ。生産物の量に直接見合うものでなく、自動的には回収されずに、インフレに結びつきやすい
銀行券	銀行が金貨の預かり証として発行したことを起源として、次第に中央銀行が発行を独占する。内在的需要で発行され、銀行に返済・還流される。

◇4. 景気循環における貸付資本と産業資本の連動

不況期 相対的過剰人口の形成（賃金低下）　　… 景気の停滞　　利子率低下
　　　　生産物価格の低下

好況期 拡張再生産（有機的構成不変のまま　　… 利潤率は平均　利子率も安定
　　　　┌ 貸付資金拡大→通貨量増加
　　　　└ 雇用増・労働力不足→　賃金高騰　… 利潤率低下
　　　　　　　　　　↓
　　　　┌ 利潤量低迷
　　　　└ 貸付需要増、銀行割引率の上昇　　… 利潤率激減 ＜ 利子率急上昇
　　　　　　　→資金難　　　　　　　　　　　　→ 赤字経営、経営難
　　　　商品価格上昇を見込み投機的取引　　　　　（資本の過剰）

恐　慌 ┌ 製品販売の停滞（生産過剰）　　　… 信用取引減少・現金払い要求
　　　　└ 現金不足の企業→在庫品の投げ売り
　　　　　　　→価格崩落　　　　　… 手形決済で支払い不能の連鎖
　　　　　　　→連鎖倒産

再不況 ┌ 生産縮小、価格低下、失業、消費不足
　　　　└ 資金需要減少、利子率低下
　　　　長期の停滞　→（新生産方法・新製品の参入）

＜補足・資本の過剰と恐慌＞

　恐慌の直接的な原因は、商品の過剰ではない。実際には、投機による買い付け、過度の投機が過剰生産をもたらし、その支払い不能が恐慌の契機となる場合も多いが、それも産業資本の過剰があってこそ、恐慌となる。

◇5.　資金の商品化による資本への規制

＜資本の運動と利子率の関係＞（マルクスの表現による）

資本の運動	利子率
繁栄期または特別利潤期	低い
繁栄とその転換との境界期	上昇
恐慌	極端な高利
沈滞	比較的低い
活気の増大	ある程度上昇

＜資金の商品化と資本の規制＞

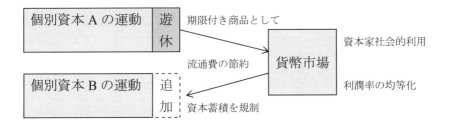

◇第2節　商業資本と商業利潤

　商業資本は、産業資本の運動のうち W′─ G′（商品資本の貨幣資本への転化）を、代わって引き受け専門的に行う。銀行資本とは異なった役割を持つが、ともに流通費用の節約によって剰余価値の生産を増加させる。また、貸付資本の背後に銀行資本があり、商業資本はその貸付資本を極力利用する。

銀行資本	産業資本の遊休資金を社会的に融通。流通資本の生産資本化。	直接的増加
商業資本	生産物の売買の引き受け。流通期間の短縮。流通費用の節約。	間接的増加

◇１．商業資本への利潤分与

　産業資本が剰余価値からのマイナスとなる販売費用を節約することは、個別資本としての活動である。商業資本は、商品売買を通して、流通期間を短縮し資本家社会的費用を節約することで、平均の利潤を分与される。

商業資本の利潤＝市場価格－産業資本からの売渡価格－諸費用

◇２．商業資本の利潤の根拠

　流通費用が、産業資本家の手から離れ、商業資本家に手にあると、その独自の事業のための費用となり、平均計算が可能となり、一般的に流通期間短縮の費用を節約するものとして資本となる。

＜産業資本と商業資本＞

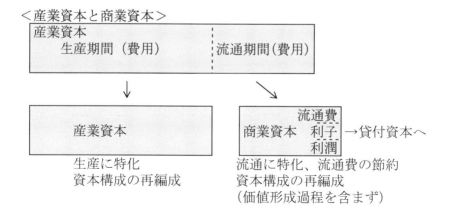

- 164 -

◇3. 商業労働

　労働者の労働は、運輸と保管では、価値と剰余価値を生むが、売買の業務では価値を加えない。流通費用を節約するという商業活動特有の役割を担う。

商業労働	価値、剰余価値を形成しないが、商業資本に「利潤」を得させる。
運輸・保管労働	価値、剰余価値を生産する。使用価値としての商品に実質的に関連する。

◇4. 資本家的倒錯性と物神性

　それ自身価値形成の根拠を持たない商業資本が、その活動自体によって利潤を形成する、という資本家的観念が形成される。その一方で、商品買い入れのために利用する貸付資本が何らの活動なしに「利子」を得るところから、このような「資本」を「それ自身に利子を生むものとしての資本」とする資本家的観念が形成される。

＜資本家的物神性の成立＞

商業資本の企業利潤	=	商品売買による譲渡利潤	−	借入に対する利払い
↓ （観念の発生）			↓ （観念の発生）	
「利潤は商業資本家の活動によるもの」			「利子は資本自体から生まれるもの」	

◇5. 物神崇拝の完成

　「商品はその価値を物として持つ」、また「貨幣は物として価値物である」とするのが、商品物神、貨幣物神であった（第2編第1章第2節）。「それ自身に利子を生むものとしての資本」が、その物神崇拝を完成させる。

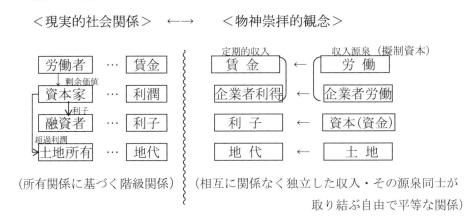

◇6. 資本の形態・実体と恐慌

　好況期に商人資本の投機的活動が目立つが、それによって恐慌の真の原因が隠され、恐慌の原因は生産過剰であるとされる。しかし、恐慌の実質的基礎は産業資本の蓄積過程にあって、現象的に商業資本の活動として表面にあらわれる。

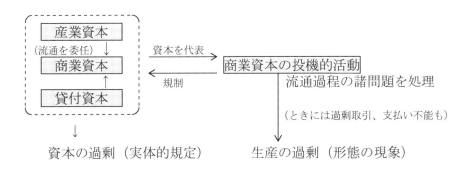

以下、168 頁まで、各種資本の関係を例示。『経済原論』の内容を具体的に表現するためのものであり、その本文には書かれてないもの。

≪ 産業資本から流通（販売）過程の分離 ≫

【例1】…同一期間内に1回転とする例

費用価格 1000　市場価格 1050　　　　　　　　　　　　　　　　利潤

A　産業資本　　（生産過程）800　　　（流通過程）200　50

↓分離　　　　　　利潤　↓分離　　　利潤 10

産業資本(生産部門・その他流通部門) 800　　40　流通(販売)費 200　10

売渡価格 840　　→流通期間の短縮、次の回転へ　　→流通費の節約へ

≪ 産業資本と商業資本の利潤率均等化への過程 ≫

【例2】 商業資本が仕入費用を全額借入し、その利子を含む流通費用を節約する場合の均衡

B　産業資本 (生産部門・その他流通部門)800　　40　　（販売部門）　10

売渡価格 840　↓　↑代金 840

節約された流通費　　利潤

C　貸付資本から利率5％で借入（仕入価格 840）　42　158　10

借入費（利子）

【例3】 貸付資本が商業資本の仕入費用 840 を利子率5％で貸付する場合

節約された商業資本 200

C　（仕入価格 840）　42　158　10

貸付↑　↓返却　　　年5%の利払↓

D　貸付資本 840　　42

＊資本の1回転における利潤率

・産業資本の利潤率　40／800＝0.05

・商業資本の利潤率　10／200＝0.05

・貸付資本の利潤率　42／840＝0.05

＊資本の回転数による利潤率への影響

　　　資本の回転期間（生産期間と流通期間）が資本構成に直接に反映する
　　　ものとするなら、産業資本 A が 1 年に 4 回転するとき、産業資本 B
　　　は 5 回転する

> ・産業資本 A …資本 1000（800 ＋ 200）　→　利潤 200（50 × 4 回転）
> ・産業資本 B …資本 800　　　　　　　　　→　利潤 200（40 × 5 回転）
> ・商業資本 C …節約された資本 200　　　　→　利潤 50（10 × 5 回転）
　　　　　↓

・産業資本 B と商業資本 C は、他資本に比較して超過利潤をえる。
・商業資本の借入費用（利子）負担は回転数に反比例して軽減される。

≪「価値」を生む商業資本 ≫という倒錯
「流通費用を節約した 200 の商業資本が、10 の商業利潤（価値）を生む」

$$\boxed{\text{商業資本の利潤}} \;=\; \boxed{\text{売買差額 210}} \;-\; \boxed{\text{流通費用 200}} \;=\; 10$$

> 商業資本 200 が 10 の利潤（価値）を生む　　という観念

≪「利子」を生む貸付資本 ≫という物神性

> 貸付資本 840 が利子率 5 ％で 42 の利子を生む　　という観念

≪「利子」を生む産業資本 ≫という物神性
　　　…株式投資を貸付と見なして（現実としては株式は商品であるが）

> ある産業資本が 1 株額面 5 万円の 160 株 800 万円の資本で構成される株式
> 会社で、年 40 万円の利潤を全額株主に配分するとすれば、1 株額面 5 万
> 円の貸付資本が 0.25（40 ／ 160）万円すなわち 5 ％（0.25 ／ 5）の配当（利
> 子）を生む。

　　　　　　　　　　　　　　　　　　　　　　　　　　という観念

◇第3節　それ自身に利子を生むものとしての資本

◇1．利潤の利子と企業利潤とへの分化

商業資本において、利潤が利子と企業利潤とに分化されると、企業利潤と区別された「利子」が、「それ自身に利子を生むものとしての資本」の賜であるとされる。同様に、産業資本の利潤の根源も、資本家的活動に求められ、産業資本の利潤も利子と企業利潤とに分化される。

＜資本家的精神＞ …商業資本だけでなく、産業資本も

その「活動」が利潤を生む「資本」は、無駄にできない、休ませられない

◇2．資本家と価値形成

新生産方法の発見・発明も、それを資本家が採用することも、新しく価値を形成することにはならない。むしろ商品の価値を下げる。資本家も有用な仕事をしていると思われるが、有用な仕事をするということは、価値を形成するということを意味しない。資本家の活動も剰余価値を生むわけではない。

ポイント　　有用な仕事が価値を生むというわけではない。

◇3．擬制資本と資本市場の成立

資本主義社会において、一定の定期的収入は、一定額の資本から生じる利子とされる。その収入の源泉は「擬制資本」と呼ばれ、その大きさは、収入額から一般的利子率によって逆算（資本還元）される。実際の擬制資本として、株式その他の証券、土地所有などが「資本市場」で売買される。この「資本市場」は、「貨幣市場」から区別される。

＜資本家的観念が生む擬制資本＞

「一定の定期的収入は、一定額の資本から生じる利子」
　　↓（一般利子率から逆算）
「定期的収入の源となる資本の価値」（擬制資本）

＜擬制資本の形成・例①＞

ある個別資本（資本額 100 億円）が、年 10%の利潤率として 10 億円の利潤を生み出しているとき、市場利子率が 5 ％であるとするなら、10 億円の利子を生む資本として、資本総額が 200 億円（10 億円÷ 0.05）と見なされることになる。これが擬制資本であり、現実の資本額から区別される。

（鎌倉孝夫『資本主義の経済理論』328 頁より）

＜擬制資本の形成・例②＞

額面 1 株 5 万円の株券 20 万株の会社（資本額 100 億円）が、年 10 億円の利潤を配当として出すときに、利子率が 5 ％であるなら、10 億円の利子を生む資本は 200 億円（10 億円÷ 0.05）とみなされることになる。これが擬制資本であり、額面 1 株 5 万円の株券は 10 万円の値がつく。

（同 329 頁より）

＜貨幣市場と資本市場＞

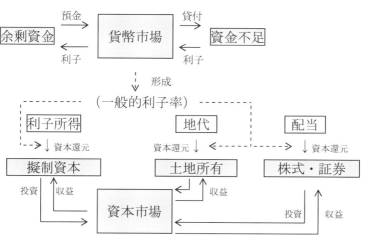

◇4. 原理論の役割と段階論

　固定資本の巨大化によって株式制度が普及し、金融資本の時代が展開されるが、これは原理論で抽象的に規定されてすむような資本ではない。具体的なタイプ的規定しかできないような諸関係を展開する。

　ポイント　　金融資本は、原理論を前提にして規定されるが、
　　　　　　　　　　その展開は、段階論で規定される。

◇第4節　資本主義社会の階級性

◇1. 隠される階級性の暴露

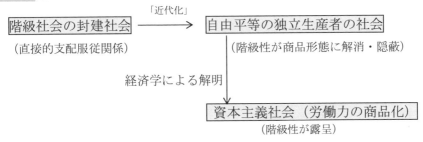

◇2. 階級性を隠す俗流経済学の定式

＜生産の三要素論＞

生産要素	所得
資本	利潤
土地	地代
労働	賃金

①「資本概念」が「生産手段」の代わりに使われる。しかし、

　・「資本」は利潤の一部を「土地」にでなく「土地所有」に分与する。

　・「労働」は資本が消費するもので、「賃金」は労働力商品の代価である。

　・「労働」「資本」が同格の要素とされるのに、労働者は生産過程の主体でない。

②資本の「利潤」を「利子」とし、資本家の報酬「企業利潤」も「賃金」とするなら、

　「土地」も「資本」に含まれることになる。三要素論は一貫しない。

◇3. 資本主義の科学的解明の社会的意義

　資本主義社会に先立つ諸社会の研究によって、資本主義社会をその一つとして解明するのではない。資本主義社会が、商品経済を徹底し純化し抽象するという性格もつので、その対象が科学的解明の基礎を作ってくれる。それを明らかにすることによって、諸階級社会の一般的な規定が与えられる。

> 資本主義社会の解明によって、階級関係の一般的規定が解明される
> 　　　　　　→　社会主義の目標も明らかになる

◇4. 経済学と社会主義

　原理論、段階論、現状分析は、資本主義の社会主義への転化の過程を経済学的に規定しうるものではない。資本主義の基本的法則とともに、その階級性が明らかにされ、しかも将来の諸社会に対してその一般的基礎が明らかにされる。

> 経済学　…　資本主義の運動法則とともに、その階級性・歴史性を
> 　　　　　　明らかにし、社会の一般的基礎を明らかにする。
> 社会主義　…　資本主義の問題を克服するために、人間・社会が主体
> 　　　　　　となって、社会変革を実践する。

＜談話室④＞　「資本の運動」の行方は

A　『経済原論』は、第3章第3節「それ自身に利子を生むものとしての資本」という「理念」に到達して、第3章「利子」の展開が締めくくられる。と同時に、第3篇「分配論」も、さらに経済原論全体も締めくくられる、という構図になっている。

B　それによって「運動体としての資本」はどうなるのか。

C　「それ自身に利子を生む資本」が、資本家的観念としての「理念」となって、資本の運動はそれによって律せられる、ということだ。

A　「理念」の現実態である擬制資本に対しては、個別的に一定の利子を分与しなければならないし、また、資本家社会全体としては、たえざる「経済成長」の実現を求められる。

B　擬制資本は、資本市場で売買される商品であって、自己増殖する運動体、つまり、現実の資本ではない。

C　もともと、擬制資本は、現実資本が得る剰余価値の分配から生まれる資本家的観念を基に派生したものだ。

A　しかし、何らかの方法でそれを手に入れれば、剰余価値が生産される場から離れていても、その剰余価値を分与される。

B　つまり、証券なり土地なりを、ただ単に「所有」し続けることが、「利子」という収入をえることにつながっている。

C　実際に剰余価値を生産するのは資本の生産過程なのだから、その実現のために時間の経過が必要となり、それに応じて「所有の持続」の保証が必要だ。言い換えれば、その所有が社会的に認知されず疑いをもたれたり、妨げられたら困るわけだ。

A　「所有の根拠」については、歴史的経緯から法体系や国家を解明しなければならない。つまり、資本家・労働者・土地所有者の「三位一体」を溯って、「原罪」の話になってしまう。

B　俗世の教えでは、土地や株式などを持つ資産家は、「節約に対する報酬として利子を得る」とか、「資金を手元に置いておくことの便益を手

放し、他人に貸し付けることで対価を得る」などと説明されている。

C　すると、それを持たない者は、そもそも禁欲して報酬をえるという機会をもたない。すなわち、資産を相続せず、無所有でこの世に現れた者は、生まれながらに「原罪」を背負っている、ということになる。

A　だから一生、地から生まれるものを食するため額に汗流して働き、土に帰るわけだ。

B　一方、資産を継承してこの世に現れた者は、無所有者の贖罪がもたらす産物にも与れる。

C　やはり「所有の根拠」を遡ると、階級性があらわになってしまう。

A　だから、それを避けるために「三位一体」が説かれる。資本—利子、土地—地代、労働—賃金というように。

B　それぞれ身の程にあった「資本」に基づき、利子としての「所得」がもたらされ、それが自由・平等に交換される、というわけだ。

C　そうすることによって、実質的な自由・平等の実現を求める社会改革が起きてしまうようなリスクを減らすことができる。

A　実際に、いまの労働者たちが階級意識を失いつつあるのは、「三位一体」に飲み込まれているからではないか。これは、労働力の擬制資本化の問題として解明されるべき課題と考えられる。

B　ところで、擬制資本は、商品としてどのように流通するのか

C　商品の流通として考えられる W — G — W′ は、手元の擬制資本を他の擬制資本に買い換えるということになる。

A　擬制資本の使用価値は利子を生むということだから、より多くの利子を生むという擬制資本に買い換える、ということだね。

B　G — W…P…W′— G′ はどうか。配当が少ない割安な株式を購入し、「経営改革」で配当を多くし、株価を高めたあとで売却する。

C　それは、個別資本の運動としては成立するだろうが、だれもがなしうるような一般性はない。

A　社会的に見れば、「自主改革」で済むようなことだね。

B　それに、価値増殖に直接には結びつかない。しかも、法的規制を変更したり、規制の枠を越えたりしたくなるような誘惑が起きそうだ。

C　もちろん、一般的利子率による利子額以上の収益を確保できていなければ、取引の意味はない。

A　現物形態としての証券や株式を取引するだけでは、その利潤の総合計は、「擬制資本の利子」の総合計以上に増加することはない。当然のことだが、損失する者もいるわけだから。

B　そこで、先ほど見たように、購入した擬制資本の価格を高めて売り抜ける、という手法が出てくる。そうした有能な経営者に対しては、高額の資金が集まり、経営者にも投資家にも高収益がもたらされる。

C　その一方で、高収益を得られない経営者に対して、資本市場は厳しい。とくに資本市場が逼迫する時には、資金が淡々と引き上げられる。

A　そうしたときに、現実資本の取る道は、搾取の強化という資本の原点に返ることである。または、ためらいのない資本撤収だ。

B　擬制資本の売買による投機の機会が増えるということは、その失敗の機会も増殖するということだ。

C　擬制資本の場合は、現実資本よりも多くの変動要因をもっていて、しかもそれらの影響力が一つひとつ大きい。変動のリスクを利用したビジネスまで生まれている。

A　それにつれて政策の影響も大きくなるだろうから、ついそれを利用して投機の成功を確保したいという誘惑が生まれるだろうね。

B　政治家やマスコミ・広告業界をも巻き込んで、政治そのものがビジネス化されるわけだ。

C　別の例だが、法的に利用を制限された土地を購入したのち、法的制限の緩和を働きかけ土地の使用価値を変更して、その地代を高める。それに対応して、土地の擬制資本としての価値が高まるので、売却すれば巨利が得られる、という場合はどうか。

B　そのような政治との関わりも、現実の経済過程に登場するものとして明らかになる。それにしても、一般的利子率を遙かに越える利潤を恒常的に確保することは、普通ならば極めて困難だ。

C　しかし、そういう成功話が他の資本をも巻き込む。同様の利潤を得るよう強いられれば、安易に非商品経済的手法が採られることになる。

A たとえば産業資本は、労働力費用の節約のため途上国に進出するが、その超過利潤はやがて必ず解消されるので、次々と場所を移動する。

B そのような流通圏を越える取り引きの機会を増やすために、あるいは早期に撤退するために、その妨げとなる国境を実質的に解消するよう当事国に強要するような政策が出てくる。

C その一方で、途上国から先進国へと仕事を求めて流入する移民が問題となっている。

A これを二級市民として差別しつつ安い賃金で雇えるので密かに歓迎する立場と、それによって仕事を奪われたり賃金を下方から引き下げられているとみる立場とに分裂する。

B 日本では、巧みに移民を拒絶しつつ、研修生・実習生などの名目で、低賃金労働者を最低限以下の処遇で（不法待遇を黙認しつつ）実質的には受け入れる。

C そのような市場の地理的拡大以外にも、人々の生活過程内部への浸透によって新たな市場を生み出すこともある。人々の生活意識を人為的に操作し「生活における欠損」すなわち「市場への依存」を創出することで需要を創造する。サービス産業や情報産業などの隆盛の背後には、共同体や家族の機能縮小を加速するような法改定も見られる。

A もちろん、政治状況によっては、伝統的手法として労働者からの「搾取」を強化しうる。冷戦終結前後から、特にその動きが強まり、先進国各国でも進行している。

B 一例だが、20 世紀初めからしばらくは、熟練労働や専門的・技術的労働が稀少であるとして好待遇を受け、それらの従事労働者が新中間層の一翼を担った。しかし近年は、電子機械工学などの発展によって、急速に単純労働に取って代わられ、低賃金化・待遇の劣悪化が際限なく進んでいる。一部のホワイトカラーは労働法の保護から外され、少なくなった正規社員の席をめぐる無制限の競争をさせられている。こうした中間層の衰退が政治的不安定につながっていくことは確かだね。

C 資本としては、市場の地理的拡大のほか、先物取引など時間的差異を活用する取引市場を拡大する。「相手の窮状や無知を利用する」とい

う点では、判断力の熟さない子どもが欲望をかき立てられたり、健康不安をあおられた大人が浪費させられたり、著作権・特許の濫用などがある。

A　その他、貨幣市場（資金市場）と資本市場とが混在する中で、さまざまな投機的取引市場が次々と創設されるが、生産過程と直接の関係を持たない商業資本や金融資本が行う取引、特に短期資金による投機は、ゼロサムゲームということになる。

B　そして高リスクの投機による高収益は民間資本が吸い取るが、その損失は「大きすぎて潰せない」ために公的資金で埋めるのだという。その際には、財政負担を経由して、最終的には租税や社会保険料徴収となる。こうした事態には政府の関与が欠かせないわけだ。むしろ「蝕まれる国家」としてだけれどもね。

C　政府の機能不全としては、以前から巨額資金がタックスヘイブン（租税回避地）による課税逃れで問題になっていたが、近年では、類似の低税率国を利用し、巨大な多国籍企業、さらには最先端の一流企業が課税逃れをしていることが明らかとなっている。

A　こうした資本や資金の動きは、政策論との関係から解明されることになるのだろうが、煩雑に見える仕組みも根はそれほど深くはない。

B　しかし、こうした仕組みがわかったからといって、実際の諸数値が明らかになるわけではない。また、現状の各国政府によって合意が成立して、これらの動きに規制がかけられたり、効果的に正されたりする、ということも期待できないだろう。まして、世界政府が成立し、そうしたことが可能になるというのはいつの日か。

C　それまで手をこまねいて待っている、というわけにはいかない。そういうことを念頭に置きながらも、そもそも資本とは何か、人間は資本にどう対処するのか、という問いに一人ひとりが向き合い、社会のあり方をどのように転換していくか、身近なところから考え始めることの方が重要だろう。

3．読解のヒント集

《全編の概観》

『経済原論』は、全体が流通論・生産論・分配論の３篇で構成され、それぞれの篇は３つの章に分かれ、それらの章のいくつかは３つの節で構成されていた。例外は、第３篇第３章第４節「資本主義社会の階級性」のみである。この異様ともいえる構成で想い起こされる宇野の言葉がある。原理論は、弁証法的な論理学の応用であるどころでなく、原理論自身が弁証法の論理学をなす、ということである。しかし、このことが原理論の構成にどのように反映しているのか、具体的には明らかにされてはいないのであるから、一般の読者はその論理学自体に深くこだわるには及ばない。原理論自体の論理展開のみにこだわって理解してゆけばよい、それが宇野自身の考えでもある、と推察できる。ただ参考までに付け加えるなら、その際には、一つひとつの規定を字句通りに読み過ごすのでなく、規定の自余を保存しておき、必要に応じて反省規定によって捉え返す、という読み方をお勧めする。理解が深まるはずである。たとえば、「労働力が商品化される」という規定は、「労働力は商品化されない」という規定を排除しえた、として理解されてはならない。また、「土地などの自然力は資本となりえない」という規定は、「土地はそれ自身に利子を生む資本の一つだ」という規定との関連で理解されなければならない。

構成上の例外であった第３篇第３章は、内容的には３節で構成されてよい。あえて第４節が設定されたことをどう理解すればよいのか。一つの答えは、「経済学探求という知的営みに、はたしてどのような社会的意義があるのか」という問いに正対するよう誘うため、というものであろうが、この構成をどう見るかは、まったく読者自身に任されたものとしてある。ただ、こだわりのメッセージが込められていることは疑いえない。

第2章 「再生産表式」を図解する

はじめに

　「資本の論理」を理解しやすいように整えるという目的のために、一つの方法として＜図式化＞は有用である。その作業の一環として、「再生産表式」の＜図解＞をも試みたのであるが、その副産物として、「拡張再生産表式」、「奢侈品生産を含む再生産表式」に関する、それぞれの「一般式」を見いだすことができた。詳しくは、拙著『未完の再生産表式』（オンデマンド版、電子書籍版）にその成立の経緯とともに記したが、一般書籍としては読まれていないので、ここでそのエッセンスをご紹介したい。また、その序文、挿入説明などにも、現代資本主義への有効な視点が含まれている。合わせて掲載する。

1. 資本とは何かが問われる時代に

（1）『資本論』の図解に挑む

　世界経済が混迷をたどるなか、「有識者」のなかに「資本主義の行き詰まり」という声はあがる。しかしその続きは、「資本主義が生み出す問題に対処する政策が重要だ」とか「資本主義に倫理を補わなければならない」などであり、ついには「イノベーション待望」の祈りに行き着く。

　しかし、だれもが気づいているのかもしれない。ほんとうに必要とされる問いは、「資本とは何か」なのである。それを口にすることがタブーになり、「お節介なこと」とされ避けられる。その理由をあれこれ並べてもしかたない。それよりも、この問いに向かおうとする人々に少しでも役立つテキストが求められているのではないか。しかも、「簡素で」「見やすい」ものが。こうした事情から、本書が『資本論』の「図解」を僭称するに至ったのである。

（2）忘れられたマルクスの資本

　およそ150年前に、マルクスがこの問いに正面から取り組み、未完成ながら『資本論』を著した。いまも、その解説書や援用本が数多く出版されている。しかし、マルクスの「資本」と、いま世間に影響を及ぼしうる「主流の経済学」で使われる「資本」とがまったく異なるものであることは、あまり知られていない。後者は「資産」や「投機資金」などと区別されるものではない。概念としての資本は（おそらく意図的に）忘れ去られているのである。

　そのなかで、一般の人々がたとえ「資本」に関心をもったとしても、資本の全体像を概念的に把握する道は極めて険しい。役に立つ平易な著作がほとんどなく、「資本の概念」に接する機会は閉ざされているのである。それだけではない。かつて『資本論』読解に挑んだという人々の多くが、第１巻で労働価値説と剰余価値論が「たしかにここにある」とその所在を確認したところで満足していたり、あるいは個別資本の運動を辿って資本を理解したと錯覚していたり、などであった。しかし、剰余労働の行方、そして剰余価値の全体像を見ずに、マルクスの資本を理解したことにはならない。『資本論』を理解できるかどうかの分岐点の一つが、第２巻の「社会的総資本の再生産と流通」、とりわけ「再生産表式」である、というのが私の見立てである。

（3）再生産表式論を『資本論』の核心とする

　その「再生産表式」においては、ある年度に社会的総資本によって生産された総生産物が、交換を通して次の年度の総生産の基礎となりその年度の生産が行われ、その総生産物がさらに次の年度に引き継がれる、という資本主義社会の姿が描かれている。それは、数値的な総計としての総資本と総労働者との関係、またその関係の再生産を総括して明示するものである。

　この地点で「資本の流通過程」、「資本の再生産過程」を総括し、総資本と総労働者との関係をいったん胸に納めたうえで、次に第３巻に向かうことになる。そこは、労働者たちが直接に体験する世界から隔たったところであって、資本家と資本家との関係、産業資本と貸付資本との関係、産業資本と商業資本との関係、資本と土地所有との関係などが解明され、そして資本がい

かに社会全体を包摂しその主体となるのか、同時に資本の運動がいかに規定されて展開するのか、さらに再生産の中断ともいえる恐慌がいかにしてもたらされるかが明らかにされるはずであった。しかし、マルクスの手では完成に至らず、またエンゲルスの遺稿編集の尽力によっても容易に理解される展開にはならなかった。その後、資本主義の発展を捉えようとする専門家たちの関心は種々の「混乱」を含む第3巻に集中した。しかし、階級性を再生産する資本主義社会にあって日々資本と直面する一般の人々は、「資本の論理」による資本の全体像をもとに、あらためて総資本と総労働者との関係に向き合うのである。そしてまた、「自然必然の領域」を克服する「真の自由の領域」（第3巻・原書828頁）を展望するために、生産者・人間の社会化だけでなく、剰余労働に関する社会的条件などにも目を向けるのである。

　ところが、『資本論』の再生産表式論もその活用も完成されたとはいえない。しかも他分野に比較して完成度が高いと思われ専門家の研究対象になり難かった。こうして、再生産表式が未完のまま、その意義と役割が十分に伝わらなかったことが、資本の全体像についての理解の広がりを妨げてきた。

　以上の観点に立てば、いま再生産表式は大いに注目されてよい。なぜなら、その資本の全体像は、人々が「資本とは何か」という根源的な問いに向き合うときに、必ず念頭に置かれていなければならないものなのである。

　そこで本書は、第1にこの「再生産表式論」を『資本論』の核心（コア）とみて、的を絞ってその理解に有用な解説を試み、第2にマルクスが残した課題の全容を明らかにして、さらなる発展の方向性を模索するのである。

　なお、「再生産表式」は『第2巻』第3篇の第20章と第21章に含まれる。この2つの章の原稿は、分類上で名付けられた「第2稿」と「第8稿」である。第2稿は1870年頃に、第8稿は1880〜81年に執筆された。第3巻ノートが1864〜65年に執筆されたものであることを考慮すると、「再生産表式論」にはマルクスの最晩年の理論水準が記されていることになる。マルクスには、この水準からもう一度第3巻を整理する時間が残されなかったが、マルクス理論を継承しようとするなら、この作業を避けることはできないであろう。

（４）『未完の再生産表式』の基礎となる経済理論

　『資本論』解読の方法としては、さまざまな考えや立場（学派）がありうるが、本書は、基本的に宇野弘蔵著『経済原論』に依拠した。彼は経済学の方法として、「原理論」「段階論」「現状分析」という三段階論をとった。まず『経済原論』（原理論）では、資本家と労働者と土地所有者との３階級で構成される「純粋な資本主義社会」が想定され、そこにおける経済法則や機構が明らかにされるなかで「概念としての資本」が捉えられる。ついで、その「原理論」を基準にして、資本主義社会の発展過程が「段階論」において解明され、そして各国や世界経済の諸相がその「段階論」を媒介に「現状分析」において解明される、というものである。この『経済原論』において、『資本論』ではなお十分ではなかった再生産表式論も、大きく前進させられた。

　もちろん本書は、『経済原論』を経由しなくとも、十分に理解してもらえるように努めた。むしろ、経済学の入門者を対象として構想し、叙述も明瞭と平易を心がけた。

（５）『未完の再生産表式』の構成

　こうして本書は２部構成となる。第Ⅰ部は、再生産表式を図解する。まず第１章では、再生産表式で用いられる基本概念を確認する。商品、貨幣、資本、労働力、不変資本、可変資本などの諸概念は、それぞれが相互関連のなかにあるものとして理解されていなければならない。ここでは、とくに平易な理解に役立つ簡素な説明・図式を工夫した。すでにこれらの概念を理解されている方は、第１章を読み飛ばしていただきたい。

　第２章「再生産表式を図解する」では、「単純再生産」、「拡張再生産」、「奢侈品を含む再生産」、「金の生産を含む再生産」の平易な図解を試みる。それぞれの「生産部門間の交換図」と「再生産表式図解」は、本書のオリジナルである。理解しやすいだけではない。数値で表記する「再生産表式」がやむなく静的・無機的となるのに対して、この「図解」では資本主義の全体像のなかに動的・有機的関係が一望でき、その諸課題が見通せるように工夫した。

　第３章では、「再生産表式」に続いて、資本が社会全体をいかに包摂する

か、またそのことによって資本自身がいかなる規定を与えられるか、そして
再生産の中断ともいえる恐慌がいかにもたらされるか、などの考察を『資本
論』や『経済原論』に即して概観し、「概念としての資本」の全体像を展望
する。この章では、細部まで詳しく説明するというよりも、図解によって「資
本の論理」を視覚的に収めやすくしようとしている。すなわち、『経済原論』
や『資本論』を読み切るうえで役に立つような、全体の「見取り図」となる
ことをねらっている。そのような資本の全体像を踏まえた視点が、あらため
て「資本とは何か」という問いに向き合うときに必要となるのである。

　本書の後半にあたる第Ⅱ部では、再生産表式に関する諸課題を検討する。
第1章では、『資本論草稿』におけるマルクスの意図が、本書の＜交換図＞
や＜図解＞に継承されていることが示される。第2章では、拡張再生産につ
いて、『資本論』、『経済原論』の到達点と限界との吟味を経て、「拡張再生産
の諸条件に関する一般式」を導出し、また生産拡張の始動問題を解明する。
なお、第1章、第2章は、やや専門家向けのもの、あるいは文献趣味的なも
のともいえるのであって、一般的には、後回しや拾い読みをお勧めする。

　第Ⅱ部第3章では、種々の再生産表式について、様々な与件が変更された
場合にどのような再生産表式となるかという、いわば「再生産表式の応用」
を試みた。これらは即座に役立つというものではない。再生産表式論の枠を
広げることによって、その可能性を模索するものであって、同様の試みがさ
まざまに生起することをねらっている。

（6）経済学においても、問うものが問われる

　いま「資本とは何か」という問いに、辞書を引いたりネットで検索したり
して、答えを見つけることは容易である。他人の答えを見ることまでできる。

　しかし、そうしてえられた答えに満足したという人ばかりとは限らない。
満足しえなかったがゆえに本書を手にとってみる、という人もいるかもしれ
ない。そのような希望を私は抱いている。

　おそらくその人は、「資本とは何か」を自問する人には「そこに問うのは
何ものか」という問いが伴っていることを知ってしまったのである。「人を
はかるはかりで、おのれがはかられる」とはよく言われるが、まさしく「も

のを問うことは、その問いでおのれが問われること」になる。その問いに正面から向き合ってこそ、人は自由に思考することができる。自らの認識の妨げとなっているものを自覚しなければ、それを取り除くことはできないからである。

　経済学という学問でもまた、少し深めれば、人間が社会がそして自分自身がよく見えてくるはずである。そのような意味で「資本とは何か」という問いに向き合う人に役立つことを、本書は願っている。

　さて、本書もまた「資本とは何か」を問うものとして、「そこに問うのは何ものか」と自問する。繰り返しになるが、現代資本主義論の多くは、資本の全体像を認識する方法をもたずに「資本」を捉え損なっている。これに対して本書は、再生産表式論を『資本論』の核心として読み直すことを提唱し、しかもそれを専門家が行えばよいとするのではなく、一般人の一人ひとりが行うものとするのである。ところが、再生産表式論それ自体が完成されたとは言えない。そこでこの再生産表式の図解とともに、その再検討に同時に挑むことになったわけである。

　この道は、専門家による『資本論』研究の水準から大きくは離れず、同時に一般市民にもわかりやすく提示する、ということになる。そしてそれは、「資本の論理」を徹底的に研ぎ澄ますこと以外にない。研ぎ澄まされた論理なら図式化は可能である。逆にいえば、図式化しえない論理は、いまだ研ぎ澄ましが足りないということである。

　こうした発想による「資本の論理」の見直しのなかで、再生産表式の図示化を試みたわけである。

　本書でなしうることは、もちろん、ことの一つの「始まり」に過ぎない。『資本論』第１巻の刊行からすでに150年以上経っており、少し悠長のようにも思われるかもしれないが、このような課題への取り組みが遅すぎるということはない。というのも、資本の支配が続く限り、そこに生きる人々は、つねにどこでも何度でも「資本とは何か」と問い続けるからである。

２．再生産表式の図式化

（１）単純再生産

　まず、「単純再生産」である。マルクスの例示にならい、年総生産物を 9000、そのうち生産部門Ⅰ（生産手段）6000、生産部門Ⅱ（消費資料）3000とし、それらの価値構成を下記のようにする。なお、不変資本を c、可変資本を v、剰余価値を m とし、剰余価値率 m/v を 100 ％、資本構成 c/v ＝ 4/1 とする。

　資本構成

　　Ⅰ　5000 ＝ 4000c ＋ 1000v
　　Ⅱ　2500 ＝ 2000c ＋　500v
　　計　7500 ＝ 6000c ＋ 1500v

　生産結果

　　Ⅰ　4000c ＋ 1000v ＋ 1000m ＝ 6000
　　Ⅱ　2000c ＋　500v ＋　500m ＝ 3000　計9000

　交換式

　　Ⅰ　（1000v ＋ 1000m）＝ Ⅱ（2000c）

　単純再生産では、剰余価値はすべて資本家によって消費されるものとしている。生産部門Ⅰの下線部「1000v ＋ 1000m」は、現物としては生産部門Ⅱが使用する生産手段であり、第Ⅱ部門の下線部「2000c」は、現物としては第Ⅰ部門の労働者と資本家とが消費する消費資料である。

　この下線部の両者が価値部分として等しいものとして交換される。これによって、翌年の生産の条件も本年と等しいものとして整えられることになる。

　この「生産部門Ⅰの（v ＋ m）」と「生産部門Ⅱの（c）」との関係をはっきり示すために,本書が作成したのが、次の＜交換図＞である。

2．再生産表式の図式化

＜単純再生産の交換図＞

＜交換図＞への補足説明

① 第Ⅰ部門 4000c は、翌年の第Ⅰ部門の生産手段となる。第Ⅰ部門 1000v と 1000m とは現物としては、翌年の第Ⅱ部門の生産手段であるが、価値物として第Ⅱ部門の生産物（消費手段）と交換される。交換でえられた消費手段は第Ⅰ部門の労働者と資本家によって消費される。労働者の労働力が再生産され、資本家は余剰をすべて消費する。

② 第Ⅱ部門 2000c は、現物として第Ⅰ部門の消費手段であるが、価値物として第Ⅰ部門で生産された生産手段と交換される。交換でえられた生産手段は、翌年の第Ⅱ部門の生産手段となる。第Ⅱ部門 500v と 500m は、それぞれ第Ⅱ部門の労働者と資本家とによって消費される。労働者の労働力が再生産され、資本家は余剰をすべて消費する。

③ しかしこの図では、（ⅰ）資本家と労働者との関係が明示されず、（ⅱ）これらの関係が資本の生産過程と流通過程のなかに示されず、（ⅲ）生産の結果と途中経過が判然としない。

④ この３つを同時に補うのが、次の「単純再生産表式の図解」である。この図の横軸に「G－W…P…W'－G'―W」の経過を記し、縦軸に「第Ⅰ部門資本、第Ⅰ部門労働者、第Ⅱ部門資本、第Ⅱ部門労働者」を並べ、時間経過とともに、それらが取り持つ（交換）関係を一挙に表す。

＜単純再生産表式図解の補足＞

（補足番号①～⑦は、図中の①～⑦に対応している）

① 第1部門資本のうち4000Gは、不変資本4000cに変態し、生産過程で新生産物（現物は第1部門の不変資本）のなかに価値移転し、新生産物の販売にともなって、第Ⅰ部門資本家のもとに4000Gが回収される。これは、次の生産のための不変資本となる。

② 第1部門資本のうち1000Gは、可変資本1000vとして労働力と交換される。労働力が消費され、生産過程では1000vだけでなく、剰余価値1000mが生み出される。この「1000v ＋ 1000m ＝ 2000」は、現物としては第Ⅱ部門の不変資本であり、第Ⅱ部門で生産される消費財（Ⅱ 2000c）と交換される。Ⅰ（1000v ＋ 1000m）＝Ⅱ（2000c）によって、単純再生産が成立する。なおⅠの1000v（現物はⅡの生産手段）は、Ⅱの2000c（現物はⅠの消費資料）のうちの1000と交換され、この1000を第1部門労働者が生活のために消費するとともに、第Ⅱ部門資本に移った1000Gは、次の生産のために購入する不変資本Ⅱcの一部となる。また、Ⅰの1000m（現物はⅡの生産手段）は、Ⅱの2000（現物はⅠの消費資料）のうちの1000と交換され、この1000を第1部門資本家が消費する。第Ⅱ部門資本家に還流した1000は、次の生産における不変資本2000c（2000G）の一部分を構成する。

③ 第1部門労働者は、労働契約によって1000Gを手に入れるが、購入された労働力は1000vだけでなく1000mをも生み出すものとして資本家によって消費される。労働者は、手元の1000Gと引き換えに第Ⅱ部門資本が生産した消費資料1000を得て、その消費で生活し労働力を回復する。

④ 第Ⅱ部門資本のうち2000Gは、不変資本2000cに変態したのち、生産過程で新生産物（第Ⅰ部門のための消費資料）のなかに価値移転する。その一部分1000cは、第Ⅰ部門労働者の1000Gと交換されるが、その1000Gは、第Ⅰ部門で生産された1000v（現物は第Ⅱ部門の生産手段）と交換される。Ⅱ（2000）の残り1000は、第Ⅰ部門の剰余価値1000m（現物は第Ⅱ部門の生産手段）と交換される。結果として、第Ⅱ部門資本家の手元に残った2000（＝ 1000 ＋ 1000）は次の生産における不変資本を構成する。

2．再生産表式の図式化

＜単純再生産の図解＞

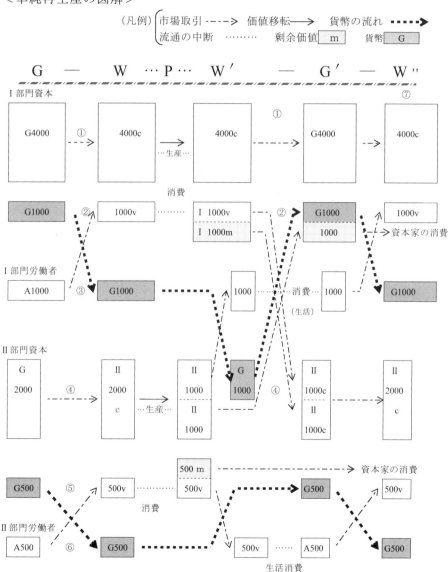

⑤　第Ⅱ部門資本のうち 500G は、可変資本 500v として労働力に変態する。生産過程で労働力が消費され、500v だけでなく、剰余価値 500m が生み出される。この「500v ＋ 500m ＝ 1000」は、現物としては第Ⅱ部門の労働者と資本家の消費財である。このうちⅡ 500v は、第Ⅱ部門労働者と交換され、500G が第Ⅱ部門資本に還流し、次の生産における可変資本となる。また、Ⅱの 500m は、Ⅱ資本家が消費する。

⑥　第Ⅱ部門労働者は、労働契約によって 500G をいったん手に入れるが、購入された労働力は 500v だけでなく 500m をも生み出すものとして資本家によって消費される。労働者は、手元の 500G と引き換えに、第Ⅱ部門資本が生産した消費資料 500 を得て、その消費によって労働力を回復する。

⑦　図の右端の縦系列 W'' において、翌年も同一の条件が整っている。価値物として補填されるだけでなく、現物としても補填されているのである。

＜再生産表式の図解が明らかにすること＞

① 図解は動的・有機的関係を捉える

　「資本の論理」の解明は、ほんらい資本と労働者との動的な関係を追究するものであるが、これを数値によって総括的に表す「再生産表式」は、その性格上やむなく静的・無機的なものとならざるをえない。これに対して、資本主義の全体像を視覚的に捉えさせる「再生産表式の図解」には、総資本と総労働者との動的な関係を生々しく再想起させる諸契機が織り込まれている。しかもそれらを同時に鳥瞰させるのである。

② 剰余価値はどうなるか

　このような「図解」のなかでは、たしかに「剰余価値の出現」が注目されやすい。もちろんここでも、それを示してはいるが、この図解の役割の新しさは、むしろ第Ⅰ部門においても第Ⅱ部門においても、流通が完全に途切れる「資本の消費」を明示しているところにある。

　「資本の消費」とそれによって流通が途絶することはいかなる意味をもつのか、いかなる課題を抱えることになるのか。「労働者の消費」の場合は、労働力の再生産につながるものとして「再生産表式の図解」に明記される。これに対して「資本の消費」の場合は、剰余価値のすべてが資本家の個人消費に充当され、その生産表式のなかで、その流れはおしまいなのである。もちろん、これは単純再生産であることから生じるのであって、ここからいくつかの課題が生まれることになる。

　第1に、これは価値増殖を目指す資本の本性と相いれないことであって、剰余価値が「拡張再生産」のためにいかに使われるかが解明されなければならない。第2に、剰余価値として資本家が消費する財が一般の消費財と異なるとすれば、それは再生産表式でどのように表されるのか。第3に、流通を媒介する手段でもあり、また蓄財されて一時的にであれ流通から姿を消すものでもある金（貨幣）が再生産表式のなかにいかに現れるのか、剰余価値との関係が問われる。

　「資本の論理」では、これらの問いを「拡張再生産表式」、「奢侈品生産を含む再生産表式」、「金の生産を含む再生産表式」として追究してきたが、本書もこれに倣っている。

　これらの問いを通して、「資本の論理」は「資本にとっての剰余価値」を解明するものである。しかし、それとともに「社会にとっての剰余価値」についての問いが自ずと生まれるのであって、それは社会の側に残される。これは「資本の論理」の解明とともに繰り返し問われることになるのである。

③　流通が中断するところ

　この図解において顕著な場面は、「資本の消費」以外にもある。流通の中断となる「資本の生産過程」と「労働者の生活過程」の2つの過程である。それら以外の流通過程では、「貨幣から生産資本へ」あるいは「生産物から貨幣へ」など、交換を通じてある姿態が他の姿態に入れ代わる。所有者から見れば、所有物を換えること、商品や貨幣から見れば、所有者が代わるということである。

　これらの「モノを交換する」という流通過程に対して、資本の生産過程と

労働者の生活過程は、登場するモノの姿態そのものが変容する過程であって、流通過程としては中断となるのである。

④　資本の生産過程と労働者の生活過程を見渡す

　まず資本の生産過程では、労働手段を用いる労働者によって労働対象が新たな商品へと作り変えられる。同時に労働力が消費され消耗された姿態となる。また労働者の生活過程では、資本が労働者に支払った賃金が回収される過程として一部に商品流通の過程が含まれるが、この過程を経て労働者に生活資料が渡り、疲弊した労働力が回復され翌日の労働が可能となる。

　2つの過程は対照的な姿をとる。すなわち、資本の生産過程は、資本の直接的支配のもと労働力が使用価値として消費される過程であり、労働者の生活過程は、労働者が資本の直接的支配を離れたとはいえ、他に使い道のない生活費をやむなく消費財の購入にあてることで労働力を回復する過程である。

　労働力は、時間的にも空間的にも分断され、この2つの過程に2つの姿で現れる。すなわち、労働契約を結ぶ「生産者」として、そして貨幣を支払う「消費者」として、別々の姿をとる。このことによって、資本と労働者との交換関係の非対称性が不明瞭となって紛れるのである。

　「図解」は、このことを再確認させ、さらに、労働者と資本との取引と、資本どうしの取引とが基本的には別世界でのことと弁別させる。すなわち、労働者が用いる貨幣は労働者に消費財を引き渡す役目を果たした後、まるごと資本に還流する。資本どうしは生産財や消費財を取引するが、労働者どうしの取引は想定する必要がない。労働者の世界と資本家の世界との断絶が一望できるのである。

⑤　労働力が商品化される

　資本主義の前提となる「労働力の商品化」とは、労働者に対してこれら2つの過程のなかに適合することを強いるということである。すなわち、労働者が労働力を売り生活を維持し、そのことを通じて自らを労働者として作り直す。こうした階級性の再生産によって、資本の自己増殖が可能となるので

ある。しかし、労働力は資本が生産できるものではないのであって、労働力を商品として処理しきることがどこまで可能であるかは不確定なままである。

　労働力は、「本来の生産過程における生産物ではなく、消費過程の生産物」である。「表式」では労働力商品の特殊性があらわにならないが、「図解」に明示される「流通の中断」においては、次のような疑問が発生する。すなわち、労働者の消費過程を経て回復されるのは、「可能な能力」としての労働力である。この労働力があえて再び商品化され流通に復帰するのはなぜか（「表式」ではこの過程が表現されず問題自体が見えない）。それは、労働者にとって自らの労働力は使用価値がなく、それを認める他者を見いだす以外に生きるすべがないという状況（生産手段からの分離）が形成されていたからであり、しかもそれを自らに与えられた永遠の宿命とするイデオロギーに慣らされてきたからである。この過程が「流通の中断」に含まれる。

⑥ 資本主義の歴史性

　しかし、このことはむしろ資本主義社会が歴史的な一社会にすぎないことを示している。歴史的な条件が整って初めて資本主義が成立すること、またその条件を継続させるような歴史的社会のなかで、資本主義が継続するのであって、それらの条件が欠けたときには、資本主義経済もまた変わらざるをえないのである。こうした資本主義の成り立ちが歴史のなかで明るみにさらされたときに、労働力を商品として扱う社会のあり方が見直されることになる。すなわち資本の支配する社会を自らの生活のなかで体験する人々の一人ひとりが、自立的意思を持つ存在として、そうした社会の全体像を概念的に認識することを通じて、資本主義を克服する新たな社会を展望することになる。ここに、「図解」が貢献しうる役割が少なからず存在する。

（2）拡張再生産

「拡張再生産」として、マルクスの「第1例」も「第2例」も資本構成の問題があって成功していない。そこで宇野弘蔵『経済原論』の例示を用いる。これをまとめると、下記の＜年度経過一覧表＞となる。そこでは、剰余価値の半分が生産拡張に使われている。「ゼロ年度」という表記は、『経済原論』にないが、そのゼロ年度の「資本構成」「再生産表式」「交換式」から始め、＜交換式の詳細＞ ＜ゼロ年度の交換図＞と続ける。

＜拡張再生産の年度経過一覧表＞

構 成		ゼロ年度	（蓄積）	1年度	（蓄積）	2年度	（蓄積）	3年度	（蓄積）
第Ⅰ部門	c	4000	(400)	4400	(440)	4840	(484)	5324	(532.4)
	v	1000	(100)	1100	(110)	1210	(121)	1331	(133.1)
	m（全体）	1000		1100		1210		1331	
	蓄積	500		550		605		665.5	
	c	400		440		484		532.4	
	v	100		110		121		133.1	
	消費	500		550		605		665.5	
	消費①	500		500		550		605	
	消費②	0		50		55		60.5	
第Ⅱ部門	c	1500	(100)	1600	(160)	1760	(176)	1936	(193.6)
	v	375	(25)	400	(40)	440	(44)	484	(48.4)
	m（全体）	375		400		440		484	
	蓄積	125		200		220		242	
	c	100		160		176		193.6	
	v	25		40		44		48.4	
	消費	250		200		220		242	
合計		8250	(625)	9000	(750)	9900	(825)	10890	(907.5)

| 資本構成 | 再生産表式 |

　Ⅰ　4000c ＋ 1000v　　Ⅰ　4000c ＋ 1000v ＋ 1000m　＝ 6000

　Ⅱ　1500c ＋ 375v　　Ⅱ　1500c ＋ 375v ＋ 375m　＝ 2250　計 8250

　計　5500c ＋ 1375v

| 交換式 |

　Ⅰ　4000c ＋ 400(m)c ＋ 1000v ＋ 100(m)v ＋ 500m

　Ⅱ　1500c ＋ 100(m)c ＋ 375m ＋ 25(m)v ＋ 250m

＜交換式の詳細＞

　　交換 a … Ⅰ （1000v ＋ 500m 消費）＝ Ⅱ （1500c）

　　交換 b … Ⅰ （100m 蓄積）＝ Ⅱ （100m 蓄積）

＜ゼロ年度の交換図＞

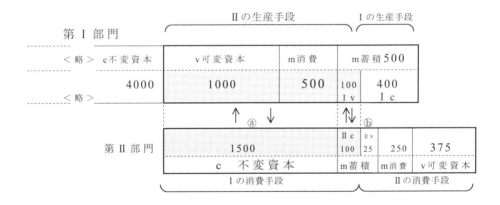

＜付記＞　第Ⅱ部門では、交換関係を明瞭にするために、可変資本と剰余価値の位置を反対にしている。

＜拡張再生産図解・ゼロ年度＞

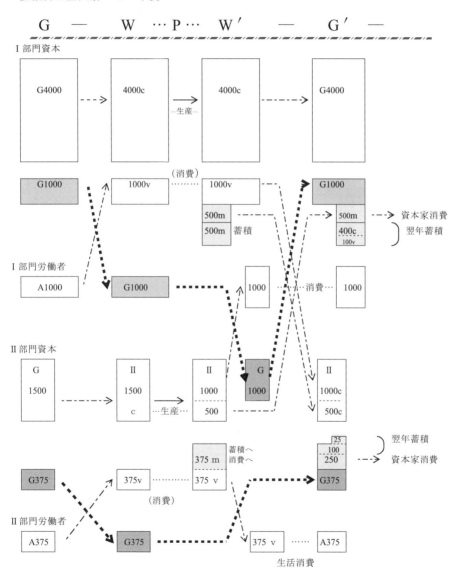

2．再生産表式の図式化

＜第1年度の再生産表式＞

　資本蓄積、再生産表式と交換、交換の詳細、交換図および図解は、次の通りである。なお、ゼロ年度の剰余価値の半分を追加投資に充当している。

資本蓄積　（第Ⅰ部門）　　　　　　　　　（第Ⅱ部門）

$$
\begin{array}{ll}
4000c + 1000v & 1500c + 375v \\
\underline{\;\;400c + \;\;100v}\text{（追加投資）} & \underline{\;\;100c + \;\;25v}\text{（追加投資）} \\
\text{計 } 4400c + 1100v & \text{計 } 1600c + 400v
\end{array}
$$

第1年度の再生産表式と交換

　　Ⅰ　$6600 = 4400c + \underline{1100v + 550m} + 440(m)c + \underline{110(m)v}$

　　Ⅱ　$2400 = \underline{1600c} + 400v + 200m + \underline{160(m)c} + 40(m)v$

　（交換）　　Ⅰ$(1100v + 550m + 110(m)v) = $ Ⅱ$(1600c + 160(m)c)$

第1年度交換の詳細

　　　ⓐ　Ⅰ（1100v + 500m 消費）　＝Ⅱ（1600c）

　　　ⓑ　Ⅰ（110v 蓄積＋ 50m 消費）＝Ⅱ（110c 蓄積＋ 50c 蓄積）

＜第1年度における交換図＞

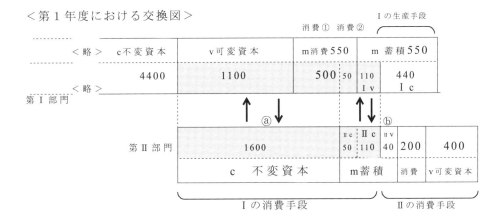

＜拡張再生産図解・第１年度＞

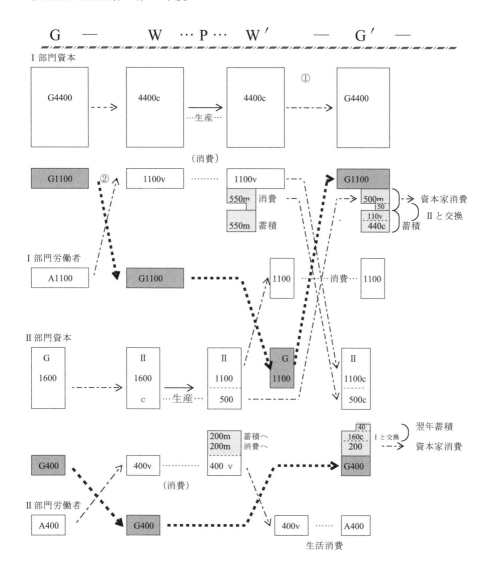

　同様にして、第２年度以降の再生産表式についても、交換図と図解とを作成しうる。また、拡張の規則性を見いだすこともできる。ところが、ゼロ年度から第１年度への拡張に関しては、拡張の規則性に一部例外が生じる。その理由の探究を通じて、そしてより簡素な拡張再生産の例示の模索を通じて、逆に拡張の規則性についての関係式が解明されることになった。すなわち、資本構成（c/v）、剰余価値率（m/v）、資本の消費・蓄積率（α/β）とすると、拡張率E％は、次の一般式で求められる。

＜拡張再生産に関する一般式＞

$$E（\%）= \frac{v}{(c+v)} \cdot \frac{\beta}{(\alpha+\beta)} \cdot \frac{m}{v} \times 100 = \frac{m}{(c+v)} \cdot \frac{\beta}{(\alpha+\beta)} \times 100$$

　拡張率は、資本の構成比率と蓄積率と剰余価値率との積で、あるいは、資本の利潤率と蓄積率との積で表される。上記の諸要因が個々的に生産拡張の要因となりうることは常識的なことにすぎない。しかし、それらが再生産表式のなかに相互関連をもって示されたことは、生産拡張の規定性を考察する上できわめて重要かつ有用である。

（３）奢侈品を含む再生産表式

　奢侈品生産を含む再生産について、マルクスは、基本として単純再生産と同じ例示を用いた。そして、資本家が剰余価値の 3/5 を生活手段の消費に、残り 2/5 を奢侈品の消費にあてるとして、生産部門Ⅱを生活手段の生産部門Ⅱaと奢侈手段の生産部門Ⅱbとに分け、その比を４：１とした。（この例示は一定の条件を満たすことで成立している。その成立条件は後に扱う）。
　この交換図では、生活部門Ⅱの内部の交換が複雑になるので、この部分の拡大図をも示す。

＜Ⅱの消費手段の交換図＞

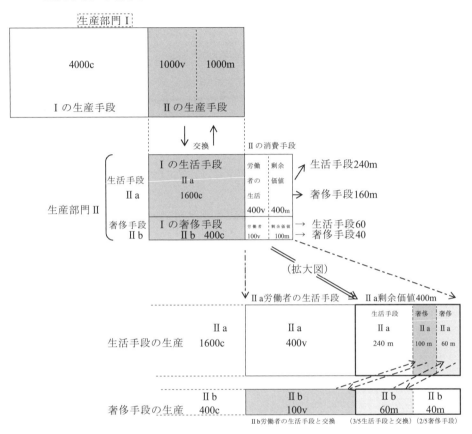

　続いて、＜Ⅱの生産手段とⅠの消費手段との交換図＞を示す。なお、表示の都合上、部門Ⅰの位置と部門Ⅱの位置とが、他の図と違って、反対になっている。

２．再生産表式の図式化

＜Ⅱの生産手段とⅠの消費手段との交換図＞

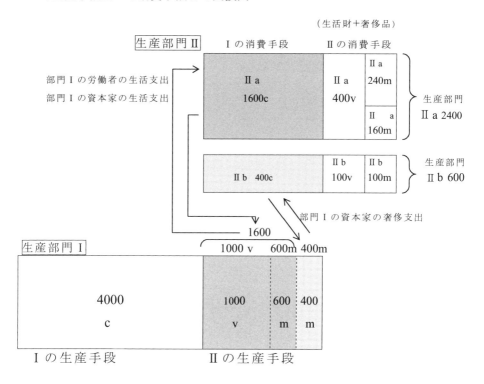

　この再生産表式は、じつは特定の条件を満たしていることで成立している。それを明らかにするのが、次の＜奢侈品生産に関する一般式＞である。

　生産部門Ⅱa：Ⅱb ＝ a：b、剰余価値の生活支出：奢侈支出＝ c：d として、次の式が成立しなければならない。

＜奢侈品生産に関する一般式＞

$$\frac{a}{b} = \frac{v}{m} + \left(1 + \frac{v}{m}\right) \cdot \frac{c}{d} \quad \text{または} \quad \frac{a}{b} = \frac{c}{d} + \left(1 + \frac{c}{d}\right) \cdot \frac{v}{m}$$

　この式は、次の第Ⅱ部門内の交換図における、「①＋②＝③」という交換式から作成しうる。

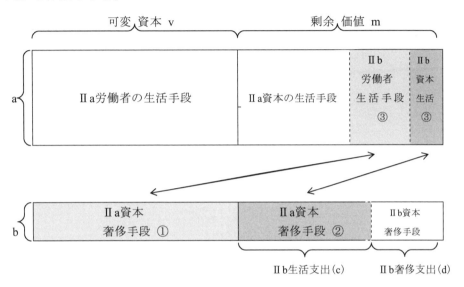

　＜奢侈品生産に関する再生産表式＞の応用として、たとえば軍需品を資本の奢侈品と見なしての再生産の考察が可能である。そのさいに＜一般式＞が多様な手段として活用されることになる。

（4）金の生産を含む再生産表式

　『資本論』は、貨幣材料の解明のため、金生産を含む再生産表式を例示しているが、その説明は一貫性を欠き錯綜する。また、第Ⅰ部門と第Ⅱ部門との関係は考察されるが、第Ⅰ部門全体や第Ⅱ部門全体との関係は扱われない。そこで、宇野弘蔵『経済原論』の例示を図示してみる。ポイントは、単純再生産においても貨幣蓄積が進行するために、貨幣の補給を要するということにある。貨幣としての金が第Ⅰ部門で生産手段として生産されながら、その一部が蓄積される。その蓄積部分はさしあたり再生産過程から除外される。

2．再生産表式の図式化

　この例示では、第Ⅰ部門の資本家が2単位の金を蓄積し、第Ⅱ部門資本家が1単位の金を蓄積するものとする。Ⅰ（1000v ＋ 1000m）＝ 2000 から 3単位が除外されるので、Ⅱc も 3単位が減じて 1997 となる。単純再生産においても、貨幣の補給を考慮すると、Ⅰ（v+m）＞Ⅱ（c）となる。

表式

　Ⅰ　6000　　＝ 4000c ＋ <u>1000v　 ＋ 997m</u>　＋ <u>1m</u> ＋ 2m
　Ⅱ　2995.5 ＝ <u>1997c</u> ＋ 499.25v ＋ 498.25m ＋ <u>1m</u>

　　　＊第Ⅰ部門のうちに、次の金生産部門Ⅰg が含まれている
　　　　　Ⅰg　30 ＝ 20c ＋ 5v ＋ 5m

交換　　｛　Ⅰ（1000v+997m）＝ Ⅱ（1997c）
　　　　　　Ⅰ（1m）　　　　　 ＝ Ⅱ（1m）

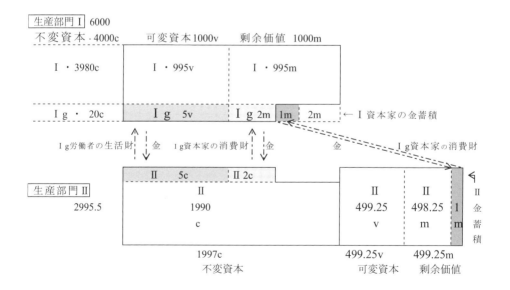

＜再生産表式と剰余労働の行方＞

　金(きん)は、人々に崇められ畏れられる存在であり、人々はその金を自らが保持しなければ引け目を感じ、それを保持して喜々とする。至高の奢侈品であるその金が、あらゆるものと交換できる万能の商品と見なされ、貨幣となる。すなわち、金の一定部分が価値尺度や流通手段として機能し、残りの部分が特定の人々によって蓄蔵される。そして、必要に応じて再び流通のなかに入り込むのである。その金は、再生産表式においてどのように現れるのか。

　再生産表式において、剰余価値（剰余労働）は、具体的には種々の商品の形態で現れる。剰余労働としての金も、商品形態をとって、地金と貨幣との間を行き来する。いずれも剰余労働の現れそのものと言える。

　その金貨幣が不換紙幣に代えられると [1]、剰余労働の体現という役割も引き継がれるのであろうか。金は蓄積・退蔵されても流通に現れても、生産・消費されるものとして再生産過程に含まれる。たしかに不換紙幣であっても、ケインズの例示によれば、それをただ廃坑に埋め込み掘るがままに任せるなら、金生産に代わる「紙幣の発掘（生産）」となる。しかし、不換紙幣や仮想通貨の製造・管理コストは、それらの表示する額面総額にとうてい見合うものではない。その差額を通貨発行益として取得する発行者は、再生産の枠外にある。また、不換紙幣はもはや剰余労働を体現するものではなく、その蓄積根拠を剰余労働に限られずその規制を離れる。そして、剰余労働のうち不要となった部分が労働日の短縮にあてられるのでなく、「資本の論理」によって労働者数が削減される。しかも、不換紙幣は保管・蓄積がより容易になり、いっそう累積が巨額となりうる。その累積紙幣が生産的活動でなく不生産的投機に向かうとなれば、労働力が放置され再生産は脅かされる。

　現代世界では、剰余労働を生みながらその恩恵を受けない多くの人々が、巨額の浮遊資金の影響下に置かれ振り回される。国境を越える投機資金がもたらす通貨危機が国民経済を破綻させたり、不況を理由に経済が軍事化し軍需増大のために定期的に戦争が勃発したり…。たしかに「資本の論理」が解明するのは、剰余価値がいかに配分され地代（原油代）や特許・著作権益になるかまでであり、それがいかに変換されて独占利潤、通貨発行益、為替差

益などになるかは、「資本の論理」を基準とし段階論を媒介とする現状分析が引き受けるとされるが、こうした現状の分析に際しては、剰余労働の行方を再生産の過程において捉えるという課題も、継承されなければならない。

３．「資本の論理」はいかに生かされるか

（１）「資本の論理」の先行き

　「資本の論理」は、剰余価値がいかに生まれ、それがどのように分配されるかを解明することを通じて、資本主義社会が再生産され続ける仕組みを明らかにする。それで、一段落となるが、「資本の論理」の先行きには二つの道がある。それらは並進し補完しあうものである。一つは、この「資本の論理」を基準として資本主義の発展過程を「段階論」によって規定し、それを媒介にして「現状分析」へと進み行く。

　もう一つは、剰余価値の行方を見たのち、日々の生活で「資本」を体感する一人ひとりが「資本の論理」で捉えた「資本」にいかに向き合うか、あらためて自ら問い直す。その際には「資本の論理」を踏まえながらも、それを考察の対象とする。その枠を超えた地平に立つことになるのである。

（２）「資本の論理」をいかに克服するか

　『資本論』は、かならずしも「資本の論理」に徹していたわけではない。むしろ、資本主義社会が歴史的一段階にあるものにすぎないことを明らかにしようとした。すなわち、資本を主体（主語）とする「資本の論理」によって、資本の運動がいかに成り立ち、またその運動がいかに規制されるのかということが客観的に科学的に解明される、そのことを通じて資本が社会全体を支配するために、いかなる歴史的・社会的条件を要したか、そしていまも要するのかが明らかになる。資本の支配は、けっして永続的でも宿命的でも

ないのである。たしかにマルクスには、「資本の論理」を性急に「革命の必然性」に結びつけようとする側面もあったが、「資本の論理」はそのような規定を与えるものではない。代わりに「資本の論理」の克服を経てどのような社会を展望することができるか、そうした構想を可能にする。たとえば第3巻第48章の始まりの部分は、剰余労働に関して、次のように記している。

> 未開人は、自分の欲望を満たすために、自分の生活を維持し再生産するために、自然と格闘しなければならないが、同じように文明人もそうしなければならないのであり、しかもどんな社会形態のなかでも考えられるかぎりのどんな生産様式のもとでも、そうしなければならないのである。人間の発展につれて、この自然必然性の領域は拡大される。というのは、欲望が拡大されるからであり、しかしまた同時に、この欲望を満たす生産力も拡大される。この領域における自由は、ほんらいただ次のことにのみありうる。すなわち、社会化された人間、結合された生産者たちが、自然の盲目的な力によって支配されるように物質代謝によって支配されるかわりに自然との物質代謝を合理的に規制しこの物質代謝を彼らの共同的統制のもとに置くということ、つまり、力の最小の消費によって自分たちの人間性に最もふさわしく最も適合した条件のもとでこの物質代謝を成し遂げるということである。しかし、これはやはりまだ必然性の領域である。この領域の彼方で、自己目的として認められる人間の力の発展が、真の自由の領域が始まるのであるが、しかし、それはただかの必然性の領域をその基礎としてその上にのみ花を開くことができるのである。労働日の短縮こそは根本条件である。　　　　　（第3巻原書828頁…引用は大月書店版を一部変更）

『資本論』では、この記述ののち「三位一体定式」[2]への批判が展開されることになって、剰余労働と総労働日との関係の話はここで途切れている。しかし、このようなテーマは、「資本にいかに向き合うか」という問いをたてたときに不可欠のものとなる。

　たとえば資本が、こんにち「生産力の拡大」だけでなく、力ずくで「欲望の拡大」をも推進し、その極限が見通せなくなっている。「生産力の拡大」

をただ待っているわけにはいかない。「共同的統制」はいかに形成されるか。

　また、世界は食い尽くせないほどの穀物を生産しさらに増産する資力を持ちながら、餓死者を出し続けている。難病に処する新薬品をいくらでも生産しうる技術と資材を備えながら、高額の特許に阻まれこれを買えず黙々と死を迎える人々がいる。AI の進化で人類が労働から解放されると喧伝されるときに、世界では児童労働、奴隷労働が強化され、先進国では単純労働と苛酷労働との二極分化が進む。「生産力の拡大」は社会に何をもたらすのか。

　さらに、再生産表式が示す労働配分から見るなら、資本が手にする剰余労働の一定部分が不換紙幣に換算され「非消費」のまま置かれれば、生産手段から切り離された労働力の一定部分が不要となり商品として「無価値」となって、その担い手である労働者が再生産から抹消される。「非消費」の「剰余労働」をどう考えるか。

　こうした剰余労働と再生産に関わる問題について、もはや「高みに立つ第三者」の力を当てにして社会的公正の実現を待ち望むというわけにはいかない。解決を願う当事者の一人ひとりが自分たち自身で「共同的統制」を追求しそれを形成するための行動を選ぶことになる。

（３）「資本の論理」克服の可能性と危うさ

　しかし、すでに見たように、労働者は市場を介し労働力を資本に売りその代価で資本から生活資料を購入する。売られた労働力は実際に資本のもとで資本のために消費される。労働者とこの世界との経済的な関係は、こうした商品関係に解消されている。

　たしかに、市場経済の基盤となる「市民社会の論理」に即して、労働者も社会的・政治的権利をもつ市民である。しかしいま、その政治的領域自体も商品化され、労働者の自由も権利も商品世界のなかに飲み込まれている。「資本の論理」の枠を超えてひとりの市民として判断すること、同胞と共同の行動をとることは、市場関係の装いのもと幾重にも阻まれているのである。

　そこで『資本論』の読まれ方が変わらなければならないことになる。かつて、「資本主義崩壊の必然性」がそこに記されている、としてマルクス以後

の権威ある専門家が追究し一般の人々がそれを信じる、というように読まれた。

　これに対して「社会主義国の歴史的経緯」は、資本の支配下に置かれた人々の一人ひとりの社会認識とその意思からすべてが始まらなければならない、ということを示した。そのためには、「資本」を体感する人々が、概念としての「資本」を把握していなければならない。宗教改革が母国語で読める聖書を大量の印刷物として必要としたように、だれもが読める「資本の論理」が必須となる。もちろん、「奇蹟」の神聖な逸話などは必要ない。代わりに「資本の論理」の核心は明瞭な姿としていくつかに絞られてよい。その一つとして最も重要なものが、資本の全体像のなかの剰余労働なのである。

　再生産表式においては、もはや資本主義社会の富は「巨大な商品の集まり[3]」ではない。再生産表式に現れる剰余労働を「資本の論理」の核心に据え、その意義を問うことによって、たんに資本家的配分を「是正」しようというのではなく、「資本」そのものに対峙する人々の一人ひとりが社会的公正の合意形成の担い手になろうとする、そのような可能性が生まれるのである。

　とはいえ、資本主義は怪物である。「資本の論理」は、確信的な資本家にとっても収益増大のために有用となる。それだけではない。「資本」を批判の対象として向こう側に見ていたその批判者（主体）が、「批判の拡張」のために自分自身が資本の運動に飲み込まれていた、ということもありうる。もちろん、そうした危うさに気づくのもまた「資本の論理」によってである。

4．現代資本主義と『資本論』

　資本主義への不信・批判の声が高まっても、社会主義は不人気である。そもそも社会主義は知られていない。かといって、資本主義の歪みは政府の民主的な施策で緩和しうるというリベラリズムも、全面的な退潮の時期にあって、劇的な復調の兆しはまったく見えない。政治面においては、近代の代議

制もまた直接投票も、一定の社会政策を継続するための合意形成にことごとく失敗している。混沌とした世界情勢のなかで、経済的にも政治的にも、自由や民主主義の理念がその輝きを失っている。世界は３度目の危機と惨劇を避けられないのではないか、不安が広がる。

こうした時代に嘱望される「経済学」も、チャーチルの民主主義論をもじって、「資本主義は最悪の経済システムだ。これまでに存在したすべての経済システムを除いては」とし、しかも「経済成長」志向を免れ得ないとする宿命観に覆われている。そしてさまざまな「弊害」は資本主義のなかに「倫理」を持ち込むことで解消しうると嘯くしかないのであろう。

しかし、経営者と出資者との関係と、そうした資本の担い手たちと労働者たちとの間の関係とは、同一次元には成立しえない。資本の担い手たちは、利潤を目指す競争を行いながら、その競争の安全を確保するための方策を彼らのなかで適度に合意することも、いったんはできる。それを「資本家社会の倫理」あるいは「企業家の倫理」と呼んでもよい。ところがこの「倫理」は、労働者たちとの折り合いをつける力を持続しえずに最終的には「資本の論理」に屈する。資本の担い手はやはり「人格化された資本」でしかないのである。

一方で労働者たちは、互いに競合すれば、自分たちの待遇を切りそがなければならない。だからこそかつては「団結」しなければならない、とされたのであるが、いまやその「倫理」を形成する力を失いかけている。そして、分断された労働者たちは、自らに先行して「不運」に見舞われた同胞を尻目に、自分だけは例外になりうると思いたがり、「おこぼれ」に期待をかける。

こうしたなかで、知恵の担い手たちはもっぱらおのれの保身のために知恵を使い、余計な災いを避けようと口を閉ざす。口を開こうとする者があっても、意見表明の機会と手段とを見いだせない。街なかで耳に挟むのは、資本の担い手たちに迎合しその「番犬」と化する「識者」たちの説教である。

かつては、社会的公正を求める労働者たちの「倫理」を普遍的なものと見なす知識人たちが右往左往しながら浮遊したが、いまや彼らの存在しうる場はなくなってしまった。社会的思想全般が無機質化され、徹底的に商品化されているのである。こうしたなかで、おのれの身に細心の注意を払っておか

なければ、「すでに資本の論理に取り込まれてしまっていた」とあとで気付くことになる。外からも内からも脅かされるなかで、「自由」であり続けることが本当に困難な時代となっているのである。

　これから起こりうることとして、「人材への投資」に誘い込まれ高等教育を「購入」しながら「おこぼれ」に与れない若者たちが大量にあふれる。クールでスマートな彼らが、なぜ自らの社会的地位を変えられないのかと問い、揺るがない社会認識を必要とする。そのときに、「資本の論理」が果たす役割はますます重要になっているであろう。しかし、150年経っても『資本論』はなお理論的に十分に整理されてはおらず、活用されやすくもなっていない。

　『資本論』を読み進むなかで、「第2巻」の終わりにさしかかったときに、再生産表式をよりわかりやすく図で表すことができるのではないか、と思えた。単純再生産の図解はさほど困難ではなかった。問題は拡張再生産表式の図解であったが、課題に取り組むうちに、その困難は図解するうえでの技術的困難だけではなく、拡張再生産それ自体の困難であるように思えた。そこで種々の再生産表式を全体的に再検討することにしたが、そのなかで再生産表式がますます複雑化し課題も増えると同時に、その重要性もいっそう強く感じられるようになった。すでに本論で述べたことの繰り返しになるが、「資本の論理とはいかなるものか」という社会科学的な問いには、一般的にそれに並行して「資本主義にいかに対処すべきか」という問いが伴うのである。そして、とくに生活世界で資本主義を生きる人々にとっては、後者の問いに向き合うときに、「資本の全体像」が一人ひとりの念頭に置かれていなければならない。その際に再生産表式の果たす役割は極めて重要になるのである。

　「使い勝手の良い」再生産表式に至るまでには、まだまだ検討が必要である。また、「拡張再生産の諸条件に関する一般式」、「奢侈品生産の諸条件に関する一般式」などの可能性も確認されなければならない。さらに、概念としての「資本の論理」にも、多くの課題が残されている。本書を越えて、そうした課題が次世代に引き継がれることを切に願う。

　なお、本書は宇野理論について、鎌倉理論を基礎にして理解しているつもりであるが、はたしてその理解がどれほど正確に受け継いだものであるか、

あるいはその少なからぬ「逸脱」が（といっても、もちろんそれが「対象に即したもの」であると主張したいのであるが）どこから始まるかについては、本人にも判然としない。ご指摘を待ちたい。

【注】

(1) たしかに金の絶対量に制限があり、その所有に略奪や盗難など厄介なリスクが避けられない。しかし、代替して流通する不換紙幣や仮想通貨は、製造・管理の費用が少ないとはいえ、インフレによる減価、ソブリン危機、サイバー詐欺、突然の大暴落など煩雑で巨大なリスクを伴う。

(2) 資本家、労働者、土地所有者の関係を定式化して、「資本—利潤」、「労働—賃金」、「土地—地代」とし、その階級関係を商品関係へと解消するもの。

(3) 第1巻原書49頁。

第3章　「最劣等地で生まれる差額地代」を読む

　差額地代第二形態（差額地代Ⅱ）の考察において、穀物需要が増大し供給が充たされる際に、最劣等地で差額地代が生まれることがあるのだろうか。これを解明する『資本論』第3巻第44章のマルクスの例示と、エンゲルスによるその修正とを検討したい。

１．マルクスの例示

　差額地代Ⅰ（第一形態）では、質の異なる土地から生まれる生産額の差異に基づく超過利潤が地代化する事態が捉えられた。これを示す次の表を基本として、差額地代Ⅱ（第二形態）が考察される（普及版原書 748 頁）。なお、差額地代Ⅱでは、同一種類の土地への異なる投下資本額による生産額の差異に基づく超過利潤が地代化される事態が考察される。

土地種類	広さ エーカー	生産費 ポンド	生産物 クォーター	販売価格 ポンド	貨幣収益 ポンド	穀物地代 クォーター	貨幣地代 ポンド
A	1	3	1	3	3	0	0
B	1	6	$3^1/_2$	3	$10^1/_2$	$1^1/_2$	$4^1/_2$
C	1	6	$5^1/_2$	3	$16^1/_2$	$3^1/_2$	$10^1/_2$
D	1	6	$7^1/_2$	3	$22^1/_2$	$5^1/_2$	$16^1/_2$

　ここでマルクスは、増大した1クォーターの需要を充たすために、B地で、それが $3^1/_2$ ポンドで追加生産されるものと仮定する。さらにこの場合、「1クォーター＝ $3^1/_2$ ポンド」が総生産にとっての調節的価格であるとする。
　B地での当初の生産を B Ⅰとし、追加の生産を B Ⅱとし、さらにその合計をB合計とすれば、次のような一覧表が成立する。
　このなかで、調節的価格の変化に対応して、A地、C地、D地での貨幣収

益、地代なども変更される。そして、逐次的投資によって差額地代Ⅱが実現するようになり、生産価格の上昇の限界が優等地によって調節されることがありうること、差額地代Ⅰの基礎である最劣等地もまた地代を生むことがあることが例証されるわけである。

土地種類	広さ エーカー	生産費 ポンド	生産物 クォーター	販売価格 ポンド	貨幣収益 ポンド	穀物地代 クォータ	貨幣地代 ポンド
A	1	3	1	$3^{1/2}$	$3^{1/2}$	$^{1/7}$	$^{1/2}$
B ⎰ Ⅰ	1	6	$3^{1/2}$	$3^{1/2}$	$12^{1/4}$	$1^{11/14}$	$6^{1/4}$
⎱ Ⅱ		$3^{1/2}$	1	$3^{1/2}$	$3^{1/2}$	0	0
計	1	$9^{1/2}$	$4^{1/2}$	$3^{1/2}$	$15^{3/4}$	$1^{11/14}$	$6^{1/4}$
C	1	6	$5^{1/2}$	$3^{1/2}$	$19^{1/4}$	$3^{11/14}$	$13^{1/4}$
D	1	6	$7^{1/2}$	$3^{1/2}$	$26^{1/4}$	$5^{11/14}$	$20^{1/4}$

（補足）　BⅠの貨幣収益＝生産量×単位当たり販売価格＝$3^{1/2}$ × $3^{1/2}$ ＝ $12^{1/4}$

　　　　　BⅠの地代（超過利潤）＝貨幣収益—生産費＝$12^{1/4}$ — 6 ＝ $6^{1/4}$

　　　　　BⅡの貨幣収益＝ 1 × $3^{1/2}$ ＝ $3^{1/2}$

　　　　　BⅡの地代（超過利潤）＝ $3^{1/2}$ — $3^{1/2}$ ＝ 0

２．エンゲルスによる「修正」

　この例示について、エンゲルスは、この例示を「完全に正確に計算されていない」として、次のように修正した。

　B 地の借地農業者にとっては、$4^{1/2}$ クォーターには、第一に生産費として $9^{1/2}$（＝ 6 ＋ $3^{1/2}$）ポンド、第二に地代として $4^{1/2}$ ポンド、合計 14 ポンドかかるのであって、1 クォーターあたり平均は $3^{1/9}$（＝ 14 ÷ $4^{1/2}$）ポンドである。そこで、かれの総生産のこの平均価格が調節的市場価格になる。

（エンゲルスの注 749 頁。文中の計算式は引用者）

　すなわち、生産費が 14 ポンドのときに生産量が $4^{1/4}$ クォーターとなるこ

とから、比例的に「生産量 1 クォーター＝生産費 $3^1/_9$ ポンド」を導き、これを調節的市場価格とするのである。この「修正」にしたがえば、B 地、A 地の生産は次の表のようになる。

調節的価格での生産（$1q = 3^1/_9$ £）

土地種類	広さ エーカー	生産費 ポンド		生産物 クォーター		販売価格 ポンド	貨幣収益 ポンド	貨幣地代 ポンド
A	1	3		1		$3^1/_9$	$3^1/_9$	$^1/_9$
B 〔I II〕	1	6 $3^1/_2$ (地代)$4^1/_2$	$9^1/_2$	$3^1/_2$ 1	$4^1/_2$	$3^1/_9$	14	$4^1/_2$ 0
B　計	1	14		$4^1/_2$		$3^1/_9$	14	$4^1/_2$

（補足）A 地の地代＝貨幣収益—生産費 ＝ $3^1/_9$ — 3 ＝ $^1/_9$
　　　　B 地の貨幣収益＝ $4^1/_2 × 3^1/_9$ ＝ 14
　　　　B 地の地代（超過利潤）＝ 14 — $9^1/_2$ ＝ $4^1/_2$

　A 地の地代は、マルクスの例では、$^1/_2$　ポンドであったが、このエンゲルスの例では、$^1/_9$　ポンドとなる。同様の理由で、C 地、D 地の地代も変更される。

　さて、この説明に違和感をもつ人も少なくないはずである。にもかかわらず、これまで論理的には十分に整理されていなかったようである。たとえば、地代が「費用」として計算されている。また、B II の追加生産では $3^1/_2$ ポンドによって生産された 1 クォーターが $3^1/_9$ ポンドで販売されたりしている。現実的には外的諸事情によってこのような生産も行われることもあろうが、そうした想定は「資本の論理」としては無理がある。

　それでもなお、このエンゲルスの「修正」は成立するといえるであろうか。成立しないとすれば、この手順のどこに問題があったのか。

3．「新しい調節価格」の悪循環

　マルクスの例は、追加生産部分（B II）のみを調節的価格の生産ととらえ、その部分を無地代とみる。B の地代は、$4^1/_2$ ポンドから $6^1/_4$ ポンドへと変更

されるが、第二の追加生産（BⅡ）自体については、地代の追加を要しないとするのである。

　他方、エンゲルスの例は、第一の生産と第二の追加生産とを合算している。もちろん、このような例示の作成に際しては、A 地における追加生産や、さらに生産性の低い A-1 地での生産と比較したうえで、B Ⅱ が調節的価格での生産となりうることが確認されなければならないが、たとえ他の耕作地と比較して B 地で「新しい調節的価格」が成立することが確認しえたとしても、じつはこの手順にもとづく一覧表は重大な難点をはらんでいる。

　マルクスが前提とした「調節的価格」がエンゲルスによって「1 クォーター＝ $3^1/_9$ ポンド」へと「修正」されたのち、この新しい調節的価格にしたがって、再びエンゲルスの手順で地代が再計算されることになったとしよう。前回と同じ手順をたどって、新しい数値を適宜入れ替えてみよう。入れ替えた部分を下線で示す。

　B 地の借地農業者にとっては、$4^1/_2$ クォーターには、第一に生産費として $9^1/_9$ ポンド、第二に地代として $4^1/_2$ ポンド、合計 $13^{11}/_{18}$ ポンドかかるのであって、1 クォーターあたり平均は $3^2/_{81}$ ポンドである。そこで、かれの総生産のこの平均価格が調節的市場価格になる。

　すなわち、1 クォーター＝ $3^2/_{81}$ ポンドが、さらに新たな調節的価格とされる。こうして A 地にも発生する地代が、B 地での生産を含めて、次の表に示されよう。

調節的価格での生産 （$1q = 3^2/_{81}$ £）

土地種類	広さ エーカー	生産費 ポンド		生産物 クォーター		販売価格 ポンド	貨幣収益 ポンド	貨幣地代 ポンド
A	1	3		1		$3^2/_{81}$	$3^2/_{81}$	$^2/_{81}$
B [Ⅰ / Ⅱ	1	6 } $9^1/_9$ / $3^1/_9$ (地代) $4^1/_2$		$3^1/_2$ } $4^1/_2$ / 1		$3^2/_{81}$	$13^{11}/_{18}$	$4^1/_2$ / 0
B 計	1	$13^{11}/_{18}$		$4^1/_2$		$3^2/_{81}$	$13^{11}/_{18}$	$4^1/_2$

　そして、このようなエンゲルスの「修正」の手順にしたがえば、なお新たな「調節的市場価格」による地代計算が要請され、これが幾度も繰り返されることになるであろう。極限では「1 クォーター＝3 ポンド」に収束しそうであるが、いわゆる「悪循環」にはまってしまうのである。

　これに対して、新たな「調節的市場価格」と言明しなければ問題ない、という考えも生まれるかもしれない。しかしそうなると、B 地では、$3^1/_9$ ポンドで販売するものを、あえて$3^1/_2$ ポンドの費用で追加生産することになる。やはり、無理な想定なのである。

　いったい、どうしてこのような事態に陥ってしまったのであろうか。

4．エンゲルスの「修正」を「再修正」する

　エンゲルスの手順について、指摘すべき最重要点は、地代の算出に際して、その地代の要素のなかに他の地代の数値を組み込んでいる、ということである。ほんらい利潤の一部から分与されるものとしての地代を、利潤を算出する際の「費用」とみているのである。しかし、超過利潤としての地代を考察するに際して、同様の超過利潤としての地代をその「費用」として、構成要素に加えるのは、じつに危ういことなのである。じっさいに、「費用」として計算される B 地の $4^1/_2$ ポンドは不変なのであろうか。これが変わらないということが優先されれば、マルクスの設定した調節的価格は変更されざるをえなくなる。

　冷静に見れば、一般的に調節的価格が変われば、それぞれの耕作地の超過利潤も変わらざるをえない。エンゲルスが見落としたのは、マルクスが前提とした「1 クォーター＝$3^1/_2$ ポンド」という「調節的価格」を「1 クォーター＝$3^1/_9$ ポンド」へと修正することになったときに、B 地における 1 クォーターの追加生産費も $3^1/_9$ ポンドになる、ということである。そして、B 地全体での生産費も $9^1/_9$（＝ 6 ＋ $3^1/_9$）ポンドとなり、生産量 $4^1/_2$ クォーター、販売価格 $3^1/_9$ ポンドで、貨幣収益が 14（＝ $4^1/_2$ × $3^1/_9$）ポンドとなるのである。したがって、B 地での地代は $4^8/_9$（＝ 14 － $9^1/_9$）ポンドとなる。

念のため、一覧表を記す。これは、エンゲルスの「修正」のいわば「再修正」といえる。

土地 種類	広さ エーカー	生産費 ポンド	生産物 クォーター	販売価格 ポンド	貨幣収益 ポンド	貨幣地代 ポンド
A	1	3	1	$3^{1}/_{9}$	$3^{1}/_{9}$	$^{1}/_{9}$
B I 　II	1	6 $\Big\}9^{1}/_{9}$ $3^{1}/_{9}$	$3^{1}/_{2}$ $\Big\}4^{1}/_{2}$ 1	$3^{1}/_{9}$ $3^{1}/_{9}$	$10^{8}/_{9}$ $\Big\}14$ $3^{1}/_{9}$	$4^{8}/_{9}$ 0
B 計	1	$9^{1}/_{9}$	$4^{1}/_{2}$	$3^{1}/_{9}$	14	$4^{8}/_{9}$

5．結語

　結論として、マルクスが前提とした「1 クォーター＝ $3^{1}/_{2}$ ポンド」という計算が正確ではなく調節的価格を修正しなければならない、というエンゲルスの指摘は誤りである。もちろん、エンゲルスの「修正」は、適切に「再修正」することによって、ひとつの例示とすることも可能である。ただし、「再修正」ののち両者の例示は直接には数的関連のない、まったくの別物であって、地代計算の方法のみを正しく共有するのである。

　以上、差額地代Ⅱを媒介として、すでに地代をあげている優等地が調節的価格で生産することも、またこれまで無地代だった土地が、地代を生む土地に転化することもありうることを、いかに例示するか、マルクスとエンゲルスの試みを検討してきた。この考察を通じて、エンゲルスの「修正」を受けて生じる諸混乱の原因を解明し収拾しえたとしても、マルクスにおいても、例えば第 41 章（701 頁）で第一次投資と追加投資とが合算されて考察されているのであって、エンゲルスのような誤解が生じやすくなっていることは否めない。これを避けつつ、いっそう簡素な例示が工夫されてよいであろう。

終　章

　教育は、その本質として「価値」とはなじまない。ごく普通の生活常識としても、人は人に育てられ、人は人を育てる、とされる。同様に、大切な知恵はたんに他人から教えられ、たんに他人に教えられる。そのなかで、人は他人に頼ることと、他人の頼りになること、他人に助けられることと、他人の助けになることを知り、自ずと覚える。

　では、どうして教育が「価値」を生むとされるに至るのか。頼りになるのはカネだけだ、助けになるのはカネだけだ、という社会になって、しかもそのカネを得るにはカネを払って人から何かを教えてもらわなければならない、という社会になって、初めて教育に「価値」が生まれる。そのような特殊な歴史的条件が整えられなければならないのである。

　これは教育の内発的な展開ではない。ちょうど、商品経済が、共同体の内的な論理として発生したのではない、すなわち、生産物が必然的に商品になるという論理として発生したのではない、ということと同様である。

　そして、「価値」が拡張される。人にカネを払えば助けられる、カネにならないから人を助けない。それと同様に、カネを払うから教えよ、金を出さないなら教えない、となる。

　さらに、「労働力の商品化」に伴って、転倒が起きる。人間が教育を受けるのではない。教育が人間を「加工する」。人間を金を稼ぐための「人材」とするために、目的に沿って加工しその質を変化させ、別の使用価値を持つ生産物（商品）とする。しかも、その使用価値は本人とってのものではなく、すなわち自分のための使用価値でなく、それを消費する資本にとっての使用価値なのである。では、その生産物の価値はどうなのか。しばしの間、個別資本の超過利潤の一部を分与され、一般労働力の価値を超過することもあるが、やがて資本の超過利潤が解消されるとともに、一般労働力の価値（生活費用）に収束する。

　それでも、教育を受ければカネになるとなれば、だれもが教育を受けたくなる。しかし、教育を受けるためにカネが必要だという社会になっていると、

教育はカネを持つ者だけが受けられることになる。もちろん、実際には拝金思想・金権思想の露出を避けるための仕組みが組み込まれる。一方で、貧困層から「秀逸な人材」を一部引き抜く公的制度や奨学金制度、他方では高所得者層・高身分層に向けて情実主義による優先枠が裏口で設けられる。

その上で、名目上では能力主義・実力主義が唱えられる。とくに、ものわかりが速い、もの覚えがいい、計算が速い、弁が立つ、他人の心中を慮るに秀でた者などがもてはやされる。たとえば、「高学力」の者が医者と弁護士をめざし両方の資格を取得すれば、賞賛を浴び羨ましがられる。自由で公平な競争世界において、才能と努力が結実した模範的勝利者と見なされる。しかし、これは社会的にはたんに大きな無駄である。すなわち、両方の資格を取得した者が、その二つをともに活用していなければ、社会としては、一人の医者かあるいは一人の法律家を育て損なったことになるのである。

「学力」とは、もともと学習指導の計画のために、そしてその確認と反省のために教育的に有用なものであるが、それが社会的な人物評価に使われている。職業の社会的配分の基準とされているのである。しかし、「学力」は、特定の目的と方法によって特定の時期に特定の領域に限定して測定し、得られる数値である。それを細分化したり反対に加算したりしても、人間の能力の全体を評価しうるというものにはならない。「学力」は、人間の属性といえるものでもなく、とうてい職業を社会的に配分するための基準となりうるものでもない。「学力」の内容は、いかに「改善」「改革」されても、またいかに多様な能力が追加されようとも、恣意的に設定された基準によるにすぎないのである。にもかかわらず、「人間の価値」を表すものと見なされ（上品にも公言は避けられるが）、それによって「正しく序列化」されなければ、「公平で公正な」社会にならない、とされる。しかも、「公正」のために「学力」の判定をより適正にしようとする試みは、いっそう「学力幻想」を強化させることになる。というのは、高学歴、高資格、一流企業の在職歴などが、「公正な」制度によって選ばれなければならないのは、それらがともかく絶対的な価値を有し価値を生むからだ、ということになるのである。多くの人々は、この幻想からさめたのち、ようやく何かに取り憑かれていたと感じることになる。これは、呪物崇拝そのものなのである。

　何かの職業に就くために一定の教育が必要ならば、だれにでもその教育を保障してもよいであろう。たとえば、「不正入試」によって「わずかな加点」で合格した者は、その後すべてその教育を継続できなかったのか。あるいは、その後の国家試験ですべて不合格だったのか。そうでないなら、そもそも「選別」は社会的には意味がなかったことになる。むしろ問題は、「学力」が高いがゆえにそれに相当する職業を目指すことを強いられ、結果として他を押しのけてしまう方にある。時をかけ自由に意志が定まってから志願すれば、社会的迷惑を避けられるのである。

　一方で、ゆっくりでなければ前に進めない人がいる。それでも、何十年も営む職業の能力を身につけるのであれば、めいめいの歩調で身につけてよいであろう。他方で、すばしっこい人は何でもすぐに身につけられるであろうが、むしろその能力をもてあまし、すぐにその職に飽きてしまうかもしれない。たしかに、社会が何らかの職業人を火急に要した場合に、それに即座に応じられるという重宝さは賞賛されてよい。しかし、それだけのことであって、ここで価値は関係ない。混乱の原因は、むしろ職業による所得格差の方にある。

　所得の格差は、現実の社会関係から生まれるのであって、ここ資本主義社会では、資本と労働者の関係が基礎となる。しかし、このことが忘れられ、現実の所得の源泉がそれぞれ個人の「資質」にあって、その個人の努力によって実現するもの、とされる。そして、だれにも無限の可能性があったはずだ、として、数々の成功話が語られる。一般の人々に与えられる機会として目標となるのが「学歴」「資格」であり、そのための教育に過剰な期待がかかる。これを途中で断念する人々も「機会を生かせなかっただけだ」と観念させられる。そして、「高学力」が高報酬を生むのは当然のことであり、そうでなければ他の分野で堅実な「技術」を身につけるべきであって、それもできない普通の人々は、低報酬も仕方がない、という理屈になる。こうして、それぞれの所得はそれぞれの「資質」（擬制資本）を源泉として生まれるのであって、その大きさもそれぞれの「資質」に応じて定まることになる。そしてこのことが、社会関係から切り離されて、まったく個人的に決まる出来事とされ、そのうえで各人は取引する者として、また競争する者として互い

に関係する。これが「自由で平等な社会」というわけである。

　しかし、教育は、やはり「価値」やそれが生む「格差」とはなじまない。教育を受けたい人がいつでも教育を受けられる社会においては、教育は大いに役に立っても、（交換）価値はないからである。これに対して、人がことさらに教育を受けたいと思わせられて、代償なしには受けられないというときに、教育は価値を生むものとして商品化される。いいかえれば、教育が価値を生む社会は、人が「何かが足りない」と思わせられ、人から隔てられ、孤立させられ、不安にさせられ、焦らせられ、競争に駆り立てられる社会である。人々が何かに取り憑かれたように、転倒しているのである。

　振り返ってみよう。教育についての「常識」は二つに引き裂かれる。ごく普通の自然な常識では、人は教育によって自らの能力を高める、とする。それが転倒され、人が「人材」へとつくりかえられる「教育」が横行し、人々はその「現実」に慣らされていく。善し悪しはともかく、それが世間に通用する常識とされる。この転倒に違和感が生じても、その根源が明らかにされないなら、転倒は宿命的なもの、避けられないものとされ、逆に自然な常識の方が、「建前にすぎないもの」とされたままになる。

　経済学は、この転倒の根源を明らかにし、この自然な常識を支える。本書も、そのために役立つものとして「労働力の擬制資本化」という視点を新たに提起した。もちろん経済学の目的は、それだけではない。経済社会が成立するための一般的な原則を解明する。すなわち、「資本の論理」をすっかり描ききることによって、それが覆い尽くすことのできない、人間社会に固有の領域が厳然として存在することを、くっきりと浮き彫りにする。そのことを通じて、資本主義社会が歴史的にひとつの社会であることを示し、またそれに代わる新しい社会の成立にいかなる条件が必要とされるのかをも明らかにする。

　こうして、経済学がはるばる回り道をたどって到達する知見は、上記のような転倒を免れたごく普通の常識と同じ地平で出会い、ほんらいの教育と新しい社会を構想することを支える。もちろん、そのような時はただ待つだけでやってくるわけではない。それぞれがそれぞれにふさわしい営為を果たした後のことであろう。

　『資本論』は、読み返すたびに、読後の印象がずれていく。誤読していたこと、読み飛ばしていたことに気づくだけではない。そのときどきの関心の重点が異なるからでもあり、他の人の読み方に刺激されてのことでもある。とくに、鎌倉孝夫主宰「資本論を読む会」なしには、本書に記したような諸考察をまとめることも、それどころかそれらの課題すら見いだすこともできなかったであろう。深く感謝申し上げたい。

　また、読み取ったこと、考えたことがごく些細なことであっても、それを記録にとどめておくのは、まずは自分自身のためであるが、それがどれほど一般的な意味をもつものか、客観的なご批評をお願い申し上げたい。

2020 年 7 月

人名索引・参考文献

初出一覧

序　章　（書下ろし）

第Ⅰ編

第1章「教育と価値のディアレクティク」抄

　　　（鎌倉孝夫編著『「資本論」を超える資本論』社会評論社 2014 年）

第2章「教育の市場化と資本の論理」（『進歩と改革』2016.11）

第3章「教育の市場化と財政の腐食」（『進歩と改革』2017.9）

第4章「道徳の過剰と人材育成の幻惑」（『進歩と改革』2019.3）

第5章「現代的不平等の起源」（『進歩と改革』2020.3）

第6章「擬制資本に覆われた世界」（書下ろし）

第7章「『経済原論』を読むということ」（書下ろし）

第Ⅱ編

第1章『大学では学べない経済学』（未刊）抄

第2章『未完の再生産表式』（オンデマンド版、Kindle 版 2018）抄

第3章「最劣等地で生まれる差額地代」を読む（書下ろし）

終　章　（書下ろし）

著者　谷田　道治（たにだ　みちはる）　1952 年生まれ

著書　『解体する社会科とその行方』（1992 年）
　　　『未完の再生産表式』
　　　　　　（オンデマンド版、Kindle 版 2018 年）

共著　『「資本論」を超える資本論』
　　　　　　（鎌倉孝夫編著・社会評論社 2014 年）
　　　『新自由主義の展開と破綻』
　　　　　　（鎌倉孝夫編著・社会評論社 2018 年）

資本論が解く労働者の格差

… 資本と教育のディアレクティク …

2020 年 8 月 25 日第 1 刷　　定価＝ 2,500 円＋税

著　者・谷 田 道 治 ©

発行人・相 良 景 行

発行所・㈲ 時 潮 社

174-0063 東京都板橋区前野町 4-62-15
電話 (03) 5915-9046
FAX (03) 5970-4030
郵便振替　00190-7-741179 時潮社
URL http://www.jichosha.jp
E-mail　kikaku@jichosha.jp

印刷・相良整版印刷　製本・武蔵製本

乱丁本・落丁本はお取り替えします。

ISBN978-4-7888-0740-2